Franz Josef Krafeld • Kurt Möller
Andrea Müller

Jugendarbeit in rechten Szenen

Ansätze - Erfahrungen - Perspektiven

Edition Temmen

Die Deutsche Bibliothek - CIP-Einheitsaufnahme

Jugendarbeit in rechten Szenen : Ansätze - Erfahrungen - Perspektiven /
Franz Josef Krafeld ; Kurt Möller ; Andrea Müller.
- Bremen : Ed. Temmen, 1993
(Schriftenreihe der Landeszentrale für Politische Bildung Bremen ; Bd.
5) ISBN 3-86108-210-1
NE: Krafeld, Franz Josef; Möller, Kurt; Müller, Andrea; Landeszentrale
für Politische Bildung <Bremen>: Schriftenreihe der Landeszentrale ...

Inhalt

Vorwort

Lange, allzulange hat Jugendarbeit - wie andere auch - tatenlos zugesehen, wie sich unter Jugendlichen Rechtsextremismus und fremdenfeindliche Orientierungs- und Handlungsmuster immer mehr ausbreiteten. Ihre Reaktionen bewegen sich bis heute noch weitestgehend zwischen hilflosen Belehrungs- und Bekehrungsbemühungen einerseits und der scheinbar so eindeutigen Forderung:»Nazis raus!« andererseits. Erst das Erschrecken vor zunehmend massiver auftretenden rechten Jugendszenen und insbesondere die ungeheure Zunahme von Gewalt gegen AusländerInnen und andere Minderheiten erzwingen für viele in jüngster Zeit ein Umdenken.

Gleichwohl ist in den letzten Jahren bereits vereinzelt an einigen Orten begonnen worden, solche Jugendlichen nicht weiterhin aus der Jugendarbeit auszugrenzen, sondern gezielt auf sie zuzugehen und mit ihnen zu arbeiten. Solche Ansätze entstanden zumeist aus konkreten Konfliktsituationen oder aus besonders aufschreckenden Ereignissen.»Weil unbedingt etwas getan werden mußte«, waren es zunächst meist engagierte Einzelpersönlichkeiten, die Kontakt zu rechten Szenen aufzunehmen suchten - teils Personen, die in der Jugend- und Sozialarbeit beschäftigt waren, mindestens ebenso häufig aber Menschen, die sich engagierten, ohne gleich einen Träger, eine Infrastruktur oder eine Finanzierung der eigenen Arbeitskraft im Rücken zu haben. Aufgrund der Einsicht, gefährdete Jugendliche nicht einfach sich selbst oder rechtsextremen Demagogen überlassen zu können, wurde hier versucht, sich diesem wachsenden gesellschaftlichen Problemfeld zuzuwenden.

Rechtsextremismus und Gewalt sind sicherlich keine jugendspezifischen Probleme, sondern erfahren allenfalls jugendspezifische Ausformungen. Wachsende Minderheitenfeindlichkeit wie die wachsende Attraktivität rechtsextremistischer Deutungsmuster zeigen sich in immer weiteren Kreisen der Gesellschaft, beileibe nicht nur bei Jugendlichen. Und Gewalt ist etwas, was Jugendliche nach wie vor in dieser Gesellschaft primär als Opfer erleben. Den gesellschaftlichen und sozialpolitischen Ursachen dieser Entwicklung ist zweifellos nicht mit pädagogischen Maßnahmen beizukommen. Gefordert sind Maßnahmen, die sozialpolitisch mehr Gerechtigkeit realisieren und die auf eine Gleichstellung diskriminierter Bevölkerungsgruppen hinwirken. Notwendig sind zudem Vernetzungen von sozialpädagogischen und sozialpolitischen Bemühungen. Unerläßlich sind nicht zuletzt Möglichkeiten effektiver Interessenartikulation und demokratischer Beteiligung, die konkret erleben lassen, daß nicht weiterhin gilt, was so viele Jugendliche als eine zentrale Erfahrung beschreiben:

»Mit Reden erreichst du nichts! Du wirst nur wahrgenommen, wenn's knallt. Guck doch mal hin: Du erreichst nur was mit Gewalt!«
Gerade weil das oft reale Erfahrung ist, kann sich Jugendarbeit - insbesondere im Umgang mit Rechtsextremismus und Gewalt - nicht auf pädagogische Aktivitäten beschränken, sondern muß sich gleichzeitig einmischen in die konkreten Lebensverhältnisse Jugendlicher wie auch in die politische Debatte um Ursachen und Bekämpfungsmöglichkeiten von Rechtsextremismus und Gewalt. Insofern geht es in dem hier vorliegenden Band auch lediglich um einen kleinen Ausschnitt der Gesamtproblematik, nämlich darum, was in diesem gesellschaftspolitisch ungemein brisanten Problemfeld Jugendarbeit beitragen kann - und zwar speziell derjenige Teil von Jugendarbeit, der sich auf die Arbeit in rechten Jugendszenen ausrichtet.[1]

Wer heute mit Jugendlichen arbeitet, die mit rechtsextremistischen Deutungsmustern und entsprechender Gewaltbereitschaft auffallen, mit Jugendlichen, die etwa als Skinheads oder Hooligans zu Schreckgespenstern für die Medienöffentlichkeit wurden, sieht sich immensem öffentlichen Interesse ausgesetzt. Vom faszinierten »Wie kannst Du das eigentlich? Das könnte ich nie!« über das vorwurfsvolle »Wie kannst Du nur die Täter unterstützen, statt Dich den Opfern zuzuwenden?« bis zum eher flehenden »Nun sagt ihr uns doch mal, was wir nur tun sollen!« reicht das Spektrum alltäglicher Reaktionen, die JugendarbeiterInnen in diesem neuen Handlungsfeld sozialer Arbeit erfahren. Die Öffentlichkeit zeigt ein erhebliches Interesse an ihren Erfahrungen: Medien, Jugendbehörden, Sozialarbeit, Lehrerschaft, Wissenschaft, Politik und Polizei sorgen für eine makabre Themenkonjuktur. MitarbeiterInnen in bestehenden Projekten geraten nach außen hin fast durchweg sehr schnell in eine Exoten-Rolle für die (Fach-) Öffentlichkeit. Ihre Szenekenntnisse, Szenekontakte und Erfahrungen werden bisweilen geradezu voyeuristisch ausgeschlachtet.

Den MitarbeiterInnen in diesem Feld selbst brennt dagegen auf den Nägeln, überhaupt erst einmal stabile Grundlagen und Handlungsansätze für ihre Arbeit zu entwickeln. Denn bis heute liegen für dieses Arbeitsfeld noch kaum konzeptionelle Ansätze, praktische Handlungsorientierungen und Erfahrungsberichte vor. Dabei ist gerade die Alltagsarbeit mit solchen Jugendszenen immer wieder voller Brisanz. Noch weit drängender und unmittelbarer als der Wunsch nach Rückgriffsmöglichkeiten auf bereits vorhandene, gar in sich geschlossene Konzepte liegt aber vielfach das Bedürfnis vor, sich überhaupt einmal auszutauschen mit anderen, die vergleichbare Erfahrungen machen, die tagtäglich mit ähnlich gelagerten Situationen und Problemen konfrontiert sind.

---

1   Eine systematische Reflexion der diesbezüglichen Aufgaben anderer pädagogischer Arbeitsfelder und notwendiger politischer Initiativen ist von den Autoren geplant und wird voraussichtlich im Herbst 1993 publiziert.

Dies war auch der entscheidende Hintergrund für eine Fachtagung mit dem Titel »Projekte in rechten Jugendszenen - Erfahrungsaustausch von MitarbeiterInnen«, die vom 16. - 18. September 1992 in Kooperation der Jugendbildungsstätte Bremen, Lidice-Haus und dem Zentrum für Soziale Beratung und Bildung (ZEBB) im Fachbereich Sozialwesen der Hochschule Bremen stattfand und zu der Praktikerinnen und Praktiker aus diesem Arbeitsfeld eingeladen worden waren - das erste Mal überhaupt, daß eine Tagung gezielt solche Leute bundesweit zusammenbrachte.

Nach den Recherchen zu dieser Tagung kann davon ausgegangen werden, daß es bislang in den alten Bundesländern und West-Berlin nicht einmal dreißig Projekte gibt, die sich speziell an rechte Jugendszenen wenden (einschließlich der bereits wieder beendeten Projekte), darunter zehn der Fußball-Fan-Projekte. In Ostdeutschland, wo in einigen Orten bereits kurz nach der Wende durch Eigeninitiative mehrere entsprechende Projekte entstanden, gibt es heute knapp dreißig Projekte, die aus dem Programm der Bundesregierung gegen Aggression und Gewalt (AGAG) gefördert werden und die sich speziell auf derartige besonders auffällige rechte Jugendszenen konzentrieren. Von diesen knapp sechzig Projekten und Arbeitsbereichen waren in Bremen insgesamt zwanzig vertreten, so daß behauptet werden kann, daß hier tatsächlich ein Großteil der Erfahrungen in diesem neuen Arbeitsfeld einfließen konnte.

Nun werden mit dem vorliegenden Band die Ergebnisse dieser Tagung insgesamt, insbesondere aber die wesentlichen Diskussionsstränge und -inhalte des Erfahrungsaustausches einer breiteren Fachöffentlichkeit zugänglich gemacht.[1] Es geht dabei allerdings weniger um eine Dokumentation der Tagung im üblichen Sinne, als vielmehr darum, die für die Weiterentwicklung dieses Arbeitsfeldes besonders wesentlichen Anstöße herauszuarbeiten.

Im einführenden ersten Hauptteil entwickelt Kurt Möller zentrale Grundlagen für den Umgang von Jugendarbeit mit dem Anwachsen von Rechtsextremismus und Gewalt, indem er bislang gängige Thesen zur Analyse des Problems 'Jugend und Rechtsextremismus' und zur jugendpädagogischen Reaktion kritisch hinterfragt und aus dieser Kritk gängiger Verständnisse heraus richtungweisende konzeptionelle Orientierungen entfaltet.

Der zweite Hauptteil gilt dann den praktischen Erfahrungen von Jugendarbeit in rechten Szenen. Welche Handlungsansätze in der praktischen Arbeit zentral sind, wie überhaupt Zugang zu entsprechenden Szenen gefunden werden kann und wo diese Arbeit Raum finden kann, darum geht es in den

---

1 Vorrangig zur Illustration wird im folgenden auch auf wörtliche Äußerungen von Teilnehmerinnen und Teilnehmern zurückgegriffen. Um trotzdem die Vertraulichkeit des Erfahrungsaustausches zu wahren, erfolgen diese Zitationen in Absprache mit ihnen anonym.

ersten drei Komplexen. Dann richtet sich der Blick auf Erfahrungen zum pädagogischen Umgang mit einigen zentralen Ebenen auffälligen Verhaltens: mit Gewalt, mit provokativen Sprüchen, Witzeleien und Symbolen, sowie mit Minderheitenfeindlichkeit und Sexismus. Ein Exkurs von Klaus Farin widmet sich der meistbeachteten Szene in dieser Zielgruppe, den Skinheads.

Der dritte Hauptteil endlich gilt den Erfahrungen mit der Einrichtung und Wirkung von Projekten in rechten Jugendszenen. Dazu werden zunächst Erfahrungen mit deren Entwicklung und Stabilisierung erörtert. Dem folgt - von Sabine Behn und Helmut Heitmann - eine eher exkursartige Betrachtung der Situation der Jugendarbeit in den fünf neuen Ländern, mit einem Schwerpunkt auf Jugendarbeit als Gewaltprävention. Danach wird ein eher illustrierender Überblick über das breite Spektrum der auf der o.a. Fachtagung vertretenen Projekte und Arbeitszusammenhänge geboten sowie abschließend der Versuch unternommen, der immer wieder gestellten, aber gegenwärtig - zumal empirisch - noch schwer zu beantwortenden Frage nach den Wirkungen von Jugendarbeit in rechten Szenen nachzugehen.

Die zugrundeliegende Veranstaltung hätte nicht oder nicht in dieser Weise durchgeführt und die vorliegende Publikation nicht in dieser Weise realisiert werden können ohne die finanzielle Unterstützung durch den Senator für Gesundheit, Jugend und Soziales Bremen, die Hochschule Bremen, die Landeszentrale für politische Bildung Bremen, die Bundeszentrale für politische Bildung und die Sparkasse Bremen. Dafür an dieser Stelle herzlichen Dank.

Franz Josef Krafeld, Kurt Möller, Andrea Müller

Bremen und Esslingen, im Dezember 1992

I. Einführung

Kurt Möller

Jugendarbeit und Rechtsextremismus - Gängige Verständnisse bröckeln weiter

Projekte in rechten Jugendszenen - die Fraglosigkeit, mit der man über ihre Weiterentwicklung heute diskutieren kann, wäre noch zu Beginn der zweiten Hälfte der achtziger Jahre und weithin auch noch bis in den Anfang der neunziger Jahre hinein unmöglich gewesen. Damals, in der langgestreckten Anfangsphase neurechter Gewalt und ihrer öffentlichen Diskussion, fragte man nicht nach dem Wie, sondern allenfalls, *ob* so etwas überhaupt denkbar sei: Arbeit mit rechten und rechtsextrem orientierten Jugendlichen. Wer allein schon diese Frage zu stellen wagte, mußte sich nicht selten den Vorwurf gefallen lassen, zum Sympathisantensumpf der rechten Ultras zu gehören. Die Tatsache, daß es, sehr allmählich zwar, vielfach gegen erbitterte Widerstände und auch längst noch nicht überall und politisch wie finanziell unzureichend flankiert, eine Wende gegeben hat von der Arbeit *gegen* betroffene Jugendliche zur Arbeit *mit* ihnen, diese Tatsache ist auch ein zentraler Grund dafür, heute nicht mehr fragen zu müssen, *ob* gängige Verständnisse bröckeln. Sie bröckeln! Das ist klar! Und das ist gut, denn dazu wird es höchste Zeit. Ja, es bröckelt noch viel zu wenig an eingeschliffenen Deutungsweisen und Ansätzen. Manche liebgewordene Überlieferung würden Kollegen und Kolleginnen in diesem Praxisfeld gar lieber Knall auf Fall zerplatzen sehen, denn gezwungen sein, ihre langdauernde sukzessive Erosion abzuwarten. Deshalb ist hier nicht nur aufzulisten, welche Interpretationen und Herangehensweisen es sind, die da in den letzten Jahren zu bröckeln beginnen oder gar schon zerrieben sind. Es ist auch auf weithin gehegte Vorstellungen einzugehen, die heutigen mainstream darstellen, aber entsorgt, zumindest aber recycled werden müssen, will man wirklich dem Problem des rechten Extremismus effektiv zu Leibe rücken.

Neben der Destruktion herkömmlicher Verständnisse soll im folgenden aber darüberhinaus mindestens die Rohform von Alternativen angedeutet werden. Der These wird also eine Gegenthese entgegengestellt. Dabei werden zwei Gruppen von gängigen Verständnissen geprüft:

a) diejenigen, die zur *Analyse des Problems* 'Jugend und Rechtsextremismus' gehören sowie

b) diejenigen, die *pädagogische Ansätze* betreffen.
Beginnen wir mit den vorliegenden *Deutungen zur Problemanalyse.*

1. Zur Kritik gängiger Deutungen des Problems 'Jugend und Rechtsextremismus'

Erste *gängige These:* »*Die neurechte Welle der Gewalt von Jugendlichen weist deutliche Bezüge zur Ideologie des Nationalsozialismus auf.*«
Diese These wird nicht überzeugender dadurch, daß sie immer wieder auf's Neue beschworen wird; schwerpunktmäßig in psychoanalytischer Denktradition. Hier wird die Gegenthese vertreten: Die Charakteristik der Neuen Rechten besteht gerade nicht darin, Kopie historischer Vorbilder zu sein. Sie liegt vielmehr darin, daß sie sich *modernisiert* hat.
An dieser Stelle nur drei Argumente dafür:

a) Den zentralen Kristallisationspunkt rechtsextremer Propaganda und Gewalt stellt das dar, was im weitesten Sinne das 'Ausländerproblem' genannt wird. Die dahinterstehenden sozialen Wandlungsprozesse infolge weltweiter Migration hat es zwischen 1933 und 1945 nicht in vergleichbarer Weise gegeben.
Der Analogieschluß zwischen Ausländerfeindlichkeit heute und Judenfeindlichkeit damals geht fehl. Den Nazis ging es um eine rassistisch begründete Ausrottung einer Gruppierung (zunächst) inländischer Rechtstitelbesitzer. Die dominierende Gestalt von Ausländerfeindlichkeit heutzutage ist geprägt von der Exklusion der Angehörigen von Fremdnationen entlang territorialer Grenzen.

b) Die ethnoplurale Denkweise der Neuen Rechten hat es in der alten Rechten nicht gegeben. Die alte Rechte war offen imperialistisch-expansiv, dies in Durchsetzung angeblicher völkischer Überlegenheit.
Die Neue Rechte argumentiert und handelt gleichsam aus der Defensivhaltung angeblicher 'Überfremdung' heraus: Es geht nicht so sehr darum, die Fremde zu erobern und durch 'deutsches Wesen' zu 'beglücken', es geht darum, die Fremden weitestgehend 'draußen' zu halten, das Land von ihnen 'sauber' und das Deutsche 'rein' zu halten. Da kann man dann auch allen Völkern das Recht auf Heimat zugestehen, zumindest, solange sie auf ihrem angestammten Boden bleiben.

c) Neben diesen mehr theoretischen Argumenten zeigt sich auch empirisch: Anleihen an nationalsozialistische Ideologien scheinen bei rechtsextrem orientierten Jugendlichen selten zu sein. In unserer kürzlich publizierten 'Bielefelder Rechtsextremismus-Studie', einer qualitativen Längsschnittuntersuchung bei männlichen Jugendlichen von deren 16ten bis 21sten Lebensjahr, thematisierten die Befragten einschlägige historische Bezüge, wenn überhaupt, dann erst auf Nachfrage. Diese gehören demnach nicht zum aktiv verfügbaren Deutungsrepertoire für aktuelle Problemlagen im Umfeld des Rechtsextremismus (vgl. Heitmeyer u.a. 1992). Andererseits kann der vielfach unbekümmerte Rückgriff auf NS-Symbolik auch ein Einfallstor für ideologische Versatzstücke aus dieser Zeit zum Zwecke ihrer Legitimation liefern.

Zweite *gängige These:* »*Die Hauptgefahr geht von den organisatorischen Verfestigungen der politischen Rechten (sprich: extremen Parteien und Organisationen) und den von ihnen mehr oder weniger direkt kontrollierten Medien aus.*«

Fatale Folge dieser These ist, daß die Wogen der öffentlichen (und leider auch pädagogisch-fachlichen) Diskussion vor allem immer dann hochschlagen, wenn rechtsextreme Parteien/Listen Wahlerfolge verbuchen können. Es wäre witzig und entlarvend zugleich, einmal die Zustimmungswellen für die Parteien rechtsaußen mit den Konjunkturwellen des Wissenschafts- und Tagungsgeschäftes zu korrelieren.

Zweite fatale Folge: Die Bemühungen der AntiFa verengen sich ganz überwiegend auf eine Demontage dieser Parteien und eine Auseinandersetzung mit ihren Medienlügen und sind dabei - nebenbei bemerkt - häufig noch zudem kontraproduktiv. Ich behaupte: Quantitativ und qualitativ liegt das Hauptproblem des grassierenden Rechtsextremismus in Deutschland in der weiten, über die Angehörigen und Sympathisanten einschlägiger Parteien hinausgehenden Verbreitung von Bestandteilen rechtsextremer Orientierungsweisen, ja in ihrer *Normalisierung*.

Besonders auffällig wird dies in Hinsicht auf Ausländerfeindlichkeit. Fast hat man den Eindruck von Gesundbeterei, wenn Bonner Politiker immer wieder betonen, die Deutschen seien kein ausländerfeindliches Volk; so jüngst wieder der um das Deutschlandbild im Ausland besorgte Innenminister Seiters nach Rostock.

Das Durchtriebene an diesen Äußerungen ist: Sie sind richtig, denn sämtliche Pauschalisierungen sind falsch: über '*die* Deutschen' läßt sich ebensowenig eine vernünftige Aussage machen wie über '*die* Jugend' oder '*die* Frauen'. Aber daß ganz erhebliche Teile der deutschen Bevölkerung xenophobe Ressentiments, Vorbehalte, Vorurteile, Distanzen und Abwehrhaltungen besitzen, spürt nicht nur jeder halbwegs sozial sensible Zeitgenosse im eigenen Alltag, dokumentieren nicht nur aktuelle Umfrageergebnisse, sondern lassen insbesondere Befragungen von Ausländern und Ausländerinnen über erlittene Beleidigungen, Diskriminierungen, Bedrohungen und erlebte Gewalt ganz offenbar werden.

13

Diese Tendenz konnte man in jedem Fall seit der 1987 publizierten Heitmeyer-Untersuchung erkennen, wurde einem aber spätestens mit dem heissen Herbst 1991 und jüngst einmal mehr durch die Vorkommnisse in Rostock u. ff. ganz handfest vor Augen geführt. Da warfen beileibe nicht nur organisierte Neonazis mit Mollies und Steinen; da mischten auch junge Normalbürger kräftig mit. Fast will es scheinen, als wenn gerade das Gegenteil eines organisatorisch straffen Korsetts für sie die Attraktivität einer Beteiligung an rechter Gewalt ausmacht: geringe Verbindlichkeit, Kampf in Kleingruppen, impulsives statt geplant-gesteuertes Engagement, eruptive Aggression usw...

Würde man diese Jugendlichen nach ihren Medienvorlieben befragen, so würde vermutlich dabei herauskommen, was wir in unseren Studien beobachtet haben: Sie lesen nicht die 'Nationalzeitung', sondern 'Bild' und evtl. noch ihre örtliche Tageszeitung, sie haben seltener nationalsozialistische Hetzreden auf Video als den 'Terminator'.

Und was sie wohl wählen bzw. wählen würden, wenn sie bereits das Wahlalter erreicht hätten? Schon rechnerisch muß die satte Mehrheit rechtsextrem Eingestellter entweder gar nicht wählen oder die bürgerlichen Parteien links der extremen Rechten bevorzugen. Dieselbe Tendenz zeigt übrigens auch unsere Studie (vgl. Heitmeyer u.a. 1992). Fruchten da die rechten Überholmanöver der etablierten Parteien, über die Franz Schönhuber schon seit längerem lamentiert?

Es ist so: Der Rechtsextremismus wurzelt in der Mitte der Gesellschaft, nicht nur rechtsaußen. Dieses Diktum ist inzwischen vermehrt zu hören. Damit es nicht zur Leerformel wird, sollten wir darüber nachdenken, welche Konsequenzen es uns abnötigt: politisch und pädagogisch. Zentralfrage dabei ist u.a.: Wie können Projekte für die 'Skinheads mit Schlips und Kragen' aussehen?

Dritte *gängige These: »Das Hauptproblem des aktuellen Rechtsextremismus stellen die jugendlichen Randalierer und Gewalttäter dar.«*
Spätestens seit Hoyerswerda und allerspätestens seit Rostock ist diese These nicht mehr aufrechtzuerhalten. Sicherlich: Vornehmlich junge Leute tragen ausländerfeindliche Ausschreitungen offen aus. Die erwachsenen Claqueure im Hintergrund aber lassen erst die Tiefendimensionen dieser sogenannten 'jugendlichen Gewaltbereitschaft' erkennen: Die Jugendlichen tun, was große Teile der erwachsenen Bevölkerung denken. Dieses Denken gibt ihnen scheinbare Legitimation, Rückendeckung und gar Stimulation.

Die neue Gewalt ist *kein* spezifisches Jugendproblem, sie ist ein gesamtgesellschaftliches. Sie wird es um so mehr, wenn man die von Jugendlichen *erlittene* Gewalt - vielfach in Form systemischer oder struktureller Gewalt - in die Überlegungen mit einbezieht. Öffentliche Empörung, Medienberichterstattung, Tagungsgeschäft und pädagogische Zuwendung zum Thema an sensationelle Krawall-Ereignisse zu koppeln, macht auch deshalb wenig Sinn.

14

Vierte *gängige These: Von den Medien wird unablässig und unbesehen in vielfältiger Weise der Eindruck kolportiert:* »*Soziodemographisches Hauptmerkmal rechtsextremer Gewalttäter ist ihr jugendliches Alter.*«
Sicher: Der überwiegende Teil (rd. 80%) bekanntgewordener rechtsextremer Straftäter ist unter 21 Jahren alt. Noch auffälliger aber ist: Mindestens 95% der Straftäter sind männlich. Freilich gibt es auch spezifisch weibliche Anfälligkeiten. Sie liegen eher unterhalb der physischen Gewaltschwelle und sind damit weniger auffällig (vgl. dazu Möller 1991a). Aber auch aus solchen Erkenntnissen ergibt sich: Wir müssen viel stärker, als bisher geschehen, auch schon bei der Problem*analyse* der Geschlechtszugehörigkeit Anfälliger Aufmerksamkeit schenken und auf die Schwierigkeiten des Aufbaus von Geschlechtsrolle und -identität fokussieren. Besonders vordringlich erscheint dabei, die (fach-)öffentliche Gewalt-Debatte nicht nur aus ihrer Engführung im Sinn der Erörterung eines 'Jugendproblems' zu befreien, sondern sie auch viel stärker als Diskussion über Männer- und Jungenprobleme zu führen.

Fünfte *gängige These:* »*Neofaschismus, Neonazismus, Rechtsextremismus, Nationalismus, Rassismus, Ethnozentrismus etc. ist alles dasselbe, sozusagen eine einzige braune Brühe.*«
Diese These mag die politisch-moralische Position ihrer VertreterInnen markieren helfen und die Ablehnung alles Rechten deutlich kennzeichnen. Sie ist indes für all diejenigen unsinnig, die sich Phänomenbeschreibungen *differenziert* wünschen.
Wie diese Differenzierungen erfolgen können, ist an anderer Stelle nachlesbar (vgl. z.B. Möller 1992). Hier nur soviel: Es ist ein erheblicher Unterschied, ob ich Nicht-Deutsche für rassisch minderwertig halte und sie entsprechend be- und mißhandle, ob sich asylbewerberfeindliche Stimmung bei mir aufstaut, weil ich den Eindruck gewinne, die Unterbringungsprobleme von Asylsuchenden werden auf meinem Rücken und in meinem Wohngebiet ausgetragen, oder ob ich mich freue, wenn Werder Bremen Galatasaray Istanbul im Europapokal schlägt. Solange wir analytisch feingliedrige Differenzierung durch großflächige Etikettierung und Stigmatisierung ersetzen, können auch unsere politischen und pädagogischen Antworten nur undifferenziert ausfallen.
Damit können wir dann auch gleich ein **sechstes** gängiges Verständnis abhaken:

Es besteht darin, zu meinen, umso gründlicher den rechten Spuk analysieren zu können, je schärfer man seine Akteure als 'Rassisten' und 'Sexisten' brandmarkt und je vehementer man vorsichtiger differenzierenden Interpretationen 'Täterentlastung' vorwirft.
So hoch bei dieser Position der Stellenwert einer Demonstration der eigenen

politischen Integrität und des eigenen moralischen Rigorismus zu veranschlagen ist, so niedrig ist ihr analytischer Gewinn.

Mit mangelnder Differenzierung hängt auch das Überleben der **siebten** gängigen These zusammen. D.h. 'These' ist hier eigentlich nicht der richtige Ausdruck. Es handelt sich mehr um einen eher stillschweigend vorausgesetzten Konsens. Er heißt:

»Die Motive, sich rechtsextrem zu orientieren, sind bei den Anfälligen im wesentlichen dieselben.«

Diese Annahme kann einfach nicht stimmen, weil wir davon ausgehen können, daß die Motive aus den jeweiligen Lebenssituationen der Individuen erwachsen, diese aber durchaus unterschiedlich sind. Auf den Punkt gebracht: Der bayrische Bauer, der die REPs wählt, tut dies nicht aus dem gleichen Grund wie der Werftarbeiter aus Bremerhaven, der der DVU seine Stimme gibt. Der 13-jährige Realschüler, der in Diepholz 'Türkentod' am Computer spielt, hat dafür andere Gründe als der 16-jährige Arbeitslose, der in Rostock-Lichtenhagen Mollies schmeißt.

Da wir bisher viel zu wenig auf die Unterschiedlichkeit der Motivbündel geachtet und nach den *subjektiven* Begründungen für Rechtsextremismus gefragt haben, meinen viele noch, es gebe die *eine* relativ einfache Lösung: etwa mehr Arbeitsplätze, mehr Wohnungen, Verbot rechtsextremer Parteien, Asylrechtsänderung o.ä.. Diese Illusion ist gefährlich, weil sie uns das Problem nicht in der notwendigen Breite und Differenzierung angehen läßt.

Achte *gängige These:»Das Motiv, Gewalt anzuwenden, liegt in der Absicht der Schädigung des Opfers.«*

Augenscheinlich scheint dies klar zu sein: Wer mich angreift, der will mir Böses. Häufig ist dies auch der Fall. Aber nicht immer, vor allem bei Jugendlichen nicht.

Zum einen deutet darauf hin, daß sehr viele der von ihnen verübten Gewaltdelikte unter erheblichem Alkoholeinfluß ausgeführt werden. Vielfach handelt es sich weniger um geplante, denn um situationsbedingte Aggression. Die Tatsache, daß über 80% dieser Straftaten als Gruppendelikte begangen werden, deutet an, daß Gewalthandeln auch wohl eine erhebliche Rolle als Medium der Fremdrepräsentation spielt. Gewalt hat daneben eine Reihe von anderen subjektiven Faktoren: Sie schafft Solidarität und soziale Anerkennung in der Clique, bietet Körperaction, erregt Aufmerksamkeit u.v.a.m..

Aus Interviews nicht nur mit Hooligans wissen wir: Gewalttätigkeit erscheint ihnen vielfach 'just for fun'. Sie hat also auch Selbstzweckcharakter. Wir liegen in vielen Fällen schief, wenn wir ausländerfeindlichen Aktionen Jugendlicher ein politisches Kalkül im Sinne einer Zweck-Mittel-Abwägung von vornherein unterstellen. Gewalt in ihrer Bedeutung als emotional empfundenes Faszinosum kommt dann nicht mehr in den Blick. Letzteres

16

bedeutet nicht, Jugendliche, in Sonderheit rechts orientierte Jugendliche, seien politisch desinteressiert.

Diese **neunte** *gängige These hat Fritz Kohls jüngst einmal mehr in der Neuen Praxis (2/92) aufgewärmt: Nach seiner Forschungsübersicht zeigen nur 1% bis höchstens 13% der deutschen Jugendlichen politisches Interesse.*

Wieso dieser - wie Kohls schreibt - vermeintliche »eklatante Mangel an politischer Interessiertheit« sowie die »eingetretene politische Passivität (und Uninformiertheit)«, wären sie reales Faktum, *keine* bedrohliche Gefahr für unsere Demokratie darstellen, bleibt schleierhaft. Ebenso verhält es sich mit seiner Forderung, trotz angeblichem erheblichen Desinteresses an politischer Bildung dem mit eben jener politischen Bildung entgegensteuern zu müssen.

Ohne allzusehr Polemik gegen diese Thesen ins Feld führen zu wollen: Man sollte eigentlich davon ausgehen können, es hätte sich zumindest unter SozialwissenschaftlerInnen herumgesprochen, daß man mithilfe eines traditionellen organisationsbezogenen Begriffsverständnisses von Politik über das Interesse bzw. Desinteresse weiter Bevölkerungsgruppen, etwa von Frauen oder Jugendlichen, wenig herausbekommt. Das folgende Beispiel eines Jugendlichen aus unseren Forschungszusammenhängen erscheint mir symptomatisch:

Der Jugendliche - nennen wir ihn Karl - verneint deutlich die Frage nach einem evtl. bei ihm vorliegenden politischen Interesse: »*Geh mir weg mit Politik. Hab'*
ich keinen Bock drauf. Wenn es etwas gibt, das mich nicht interessiert, dann ist es Politik.« *Im weiteren Verlauf des Gesprächs mit Karl wird er - ca. eine halbe Stunde später - nach seinem Freizeitverhalten gefragt. Karl:* »*Ja, ich spiele in einem Spielmannszug Flöte. Und dann bin ich noch in der 'Waldjugend'*«. *Interviewer:* »*'Waldjugend'? Was ist das denn? Was macht Ihr da denn so?*« *Karl:* »*Och, das ist ganz interessant da. Da kümmern wir uns um alles, was unsere Wälder angeht. Gehen ja immer mehr Wälder kaputt. Kann man ja nicht mehr mit ansehen (....). Letztes Wochenende z.B. haben wir den Wald da bei (....) saubergemacht. Durchkämmt mit alle Mann und den Müll rausgeholt. Du kannst Dir nicht vorstellen, was wir da rausgeholt haben: Kinderwagen, Lenorflaschen und so 'nen Zeugs. War'n Riesenhaufen. Schmeißen die Leute einfach in die Gegend!*«

Der Fall zeigt: Wir sollten vorsichtig sein mit dem Lamento über die Politikdistanz der Jugend. Nach 'politischem Interesse' befragt, orientieren sich auch Jugendliche zunächst vielfach am konventionellen Politik-Begriff, der auf die aus der Staatsbürgerkunde bekannten Institutionen, Personen, Rollen und Verfahren abhebt. Sie definieren politisches Handeln entsprechend und übersehen die politischen Implikationen ihres Alltagshandelns.

Und eines kommt noch hinzu: Diejenigen, die sich rechtsextrem gebärden, scheinen doch politisch interessiert zu sein, ja, sie sind vielfach sogar politisch aktiv. Die Tatsache, daß gerade bei diesen Jugendlichen politisches Interesse und politisches Engagement vorliegen, Dinge, die PädagogInnen gemeinhin als Tugenden preisen, gerät leicht in den Hintergrund. Nun gut: Es geht um bedenkliche, weil undemokratische Richtungen. Aber immerhin handelt es sich um Subjekte, die sich zur Wehr setzen, die politische Ohnmacht zu überwinden suchen. Ich behaupte: Je weiter wir uns von der Partei- und Organisationsebene von Politik entfernen, um so eher entdecken wir politische Verhaltensweisen bei Jugendlichen, ganz konkret in ihrem Alltag. Und eben dort gilt es, politische Bildung anzusetzen. Dies gild insbesondere für das politische Interesse und die politische Aktivität von Mädchen.

Nicht zuletzt aus der These einer vorgeblichen politischen Uninteressiertheit rechter Jugendlicher und in einer einseitig psychologistischen Sicht wird dann gern ein weiteres Verständnis kolportiert. Es ist das **zehnte** in unserer Reihung und heißt:

»Hätten wir die Ausländer nicht in Deutschland, würde sich das Unbehagen Jugendlicher in gleicher Weise gegenüber anderen Zielgruppen gewaltsam Luft verschaffen. Dann wären es vielleicht die Alten, die angegriffen würden oder sonst irgendeine gesellschaftliche Gruppierung.«

Die argumentative Substanz dieser Auffassung bildet vornehmlich die *Sündenbockthese*. Sie besagt verkürzt: Für die Unbill, die mir widerfährt, suche ich mir einen extern Verantwortlichen und gucke mir dabei einen aus, der schwächer ist als ich selber. *Wer* das ist, ist ziemlich zufällig.

Es ist nicht zu leugnen, daß Ausländer in der öffentlichen Meinung für vieles verantwortlich gemacht werden, an dem sie keine Schuld tragen. Aber daß der Volkszorn gerade sie trifft, ist kein Zufall. Sie sind als Projektionsfläche nicht unumwunden austauschbar, ein Türke ja nicht einmal gegen eine Holländerin. Eben dies hat mit der Spezifik des sozialen Verhältnisses zwischen Deutschen und 'Ausländern zweiter Klasse' zu tun.

Ein wichtiger Kern dieses Verhältnisses besteht darin, daß sich hierbei Seßhafte und Wanderer gegenüberstehen; Wanderer, die - mit Simmel (1908) formuliert - nicht heute kommen und morgen gehen, sondern heute kommen und morgen bleiben. Die Fremden und damit das Fremde richten sich auf Dauer ein und zwar konkret sichtbar und unmittelbar im Alltag der Einheimischen. Sie treten in Konkurrenz um materielle Ressourcen, religiöse Vorstellungen, ideelle Werte, ganze Lebensstile. Damit sind erhebliche soziale Verunsicherungen geschaffen, die auf seiten der Einheimischen darin bestehen, daß stetig unklar wird, was eigen und was fremd ist, was in die eigene Verfügungsmacht fällt und was nicht. ImmigrantInnen verändern den Horizont der Handlungsverfügungen. Viele meinen: Sie engen ihn ein. Sie fühlen sich damit in dem Grundbedürfnis tangiert, das eigene Leben möglichst selbstbestimmt im Griff zu haben und das Niveau der erreichten Realitätskontrolle zumindestens zu halten, wenn nicht sogar auszubauen.

Diese konkrete, alltägliche, quantitativ augenfällige und qualitativ tiefgreifende *reale* und zusätzlich noch durch Phantasmen aufgeladene Konflikt-haltigkeit ist zwischen 'Normalbevölkerung' und anderen sozial schwachen Gruppierungen eben nicht gegeben. Die Sündenbocktheorie leugnet die *real existierende* Problematik und *objektive* Schwierigkeiten zwischen Deutschen und Ausländern und erklärt sie mehr oder weniger zu Phantasmen. Dies ist das Problem: Sie nimmt ihre eigenen theoriegeleiteten Deutungen ernster als die Probleme der Menschen.

Der elfte Punkt ist ebenfalls mehr eine stillschweigende Übereinkunft:»Die Bösen sind immer die anderen. Wir sprechen uns von Nationalismus, ethno-zentristischen Mentalitäten etc. frei.«
Wenn man die sprachlichen Distanzierungen unserer Politiker von den Gewalttätern in Rostock, Hoyerswerda und anderswo gehört hat, könnte man fast vermuten, es handele sich dabei um einen psychohygienischen Mechanismus. Von 'Idioten', 'Hirnlosen', 'Verrückten' war da die Rede, selbst bei jemand wie Schönhuber. Gilt vielleicht: Je mehr es mir gelingt, den Eindruck schärfster Ablehnung zu erwecken, um so eher gerate ich selber aus der Schußlinie? Je diffamierender ich die Schuldigen benenne und je eindeutiger ich die Schuld personalisiere, um so weniger muß ich öffentlich oder mir selbst meinen eigenen Anteil am Problem eingestehen?
Aber nicht nur die politische Klasse nutzt diesen Trick, ihre Weste weiß zu waschen. Wir alle tun es mehr oder weniger, um sozusagen vom 'Faschismus in uns' abzulenken. Denn wo fängt Gewaltbereitschaft an? Beginnt sie nicht bereits bei der Billigung von Gewalt, beispielsweise auch jener staatlichen Gewalt, die sich auf nationalstaatliche Prinzipien und Exklusivrechte beruft und z.B. deshalb Armutsflüchtlingen keine Zuflucht gewährt? Seien wir doch so ehrlich, unseren eigenen Euro- und Ethnozentrismus zur Diskussion zu stellen, unser Wegsehen und Weghören, unsere mangelnde Zivilcourage im Eintreten für Angegriffene und Verfolgte.

*Gängiges Verständnis Nr. **zwölf** heißt:»Die gegenwärtige Welle von Fremden-feindlichkeit bahnt sich ihren Weg gegenläufig zur herrschenden Politik.«*
Ich behaupte dagegen: Sie ist im Gegenteil in gewisser Weise die Zuspitzung der herrschenden Ausländerpolitik. Besonders deutlich wird dies an der Reaktion der politischen Klasse. Von einer Verschärfung des Asylrechts erhofft man sich Lösungen. Manchen beschleicht der Eindruck, die Geschehnisse von Rostock würden instrumentalisiert für eigene politische Zwecke der Etablierten. Daß dies überhaupt gelingen kann, hat einen zentralen Grund. Er liegt darin, daß die Ziele der fremdenfeindlichen Randalierer und der herrschenden Politik in die *gleiche* Richtung verweisen: auf eine Reduktion des Ausländeranteils und ein Versiegen der Zuwanderung. Die jugendlichen Fremdenhasser sind nur die Speerspitze dieser Bewegung.
Man muß keine Absicht unterstellen: Aber sie erhalten durch die herrschen-

de Politik scheinbar Legitimation. Die Differenz besteht nur im Einsatz der Mittel. Ja mehr noch: Gewalttäter können ihre Aktionen als Erfolg verbuchen, wenn den Politikern als erste Reaktion und auch weiterhin nicht etwa Verbesserungen des Schutzes von Flüchtlingen einfallen, sondern rechtlich legitimierte Umsetzungen restriktiver Migrationspolitik.

Das **dreizehnte** gängige Mißverständis fand sich bis vor kurzem vor allem in politisch linken Kreisen in Deutschland. Es bestand in der Illusion: *»Die DDR hat faschistisches Denken mit Stumpf und Stiel ausgerottet und ist dagegen gefeit.«*

Wie wir wissen, war diese Ansicht schon zu DDR-Zeiten falsch und ist es heute in Neufünfland erst recht. Gründe dafür sehe ich im wesentlichen in zwei Punkten:

Zum einen ist auf die totalitäre Gestalt des offiziellen (Links-)Extremismus des zweiten deutschen Staates hinzuweisen. Denn: Zentrale Kennzeichen des politischen Extremismus wie Absolutheitsanspruch, Dogmatismus, utopistische Idealisierung teleologischer Idealzustände, dualistisches Schwarz-Weiß-Denken und Freund-Feind-Stereotypisierungen sowie Verschwörungstheorien fanden sich in der DDR in den Rang von Staatsdoktrinen erhoben, deren Sicherung durch grundlegende Mechanismen totalitärer Herrschaftsausübung angestrebt wurde: innerstaatliche Gewaltanwendung zur Durchsetzung des Anspruchs umfassender Welterklärung, Monopolanspruch der herrschenden Partei und Machtkonzentration in deren Führungsspitze, pseudo-demokratische Legitimationstechniken für Herstellung und Erhalt von Massenloyalität, Massenbeeinflussung durch kontrollierte Kommunikationsmedien, hierarchisch organisierte Staatsbürokratie, geheimpolizeilich betriebene Gesinnungsprüfung, nahezu unbegrenzte Reichweite der Entscheidungen des politischen Systems und hohe Willkürlichkeit der Sanktionierung von Abweichung (vgl. Arendt 1951, Funke 1978).

Als weitere, gleichsam 'hausgemachte' Faktoren kommen die folgenden hinzu: Ein spezifischer DDR-Nationalismus wurde als 'Sozialismus in den Farben der DDR' kultiviert. Heimatliebe wurde in Staatstreue übersetzt. Geschichtsunterricht wurde als entscheidender Faktor zur Ausbildung einer unkritischen nationalen DDR-Identität funktionalisiert (vgl. Schubarth 1991).

Die 'Liebe zum sozialistischen Vaterland' sollte sich in einer umfassenden Wehrbereitschaft dokumentieren. Diese war offen gegen das Feindbild der vom US-Imperialismus angeführten kapitalistischen Klassenfeinde gerichtet. Im Hinblick auf die Übertragung soldatischer Tugenden in die nachwachsende Generation spielten die restriktiven KDV-Regelungen sowie paramilitärische Rituale und Uniformierungen der FDJ und der Gesellschaft für Sport und Technik eine Hauptrolle.

Der Frontstellung gegen die 'Feinde des Sozialismus' entsprach ein ritualisierter Internationalismus, in dessen Zentrum die 'unverbrüchliche Freundschaft zum sowjetischen Brudervolk und den anderen Mitgliedern der sozialistischen Staatengemeinschaft' gebetsmühlenartig propagiert wurde. Internationalismus war mehr eine Angelegenheit offizieller Jubelfeiern denn privater Alltagskontakte von Mensch zu Mensch, zumal die Beschränkung der Reisefreiheit dem internationalen Austausch nicht eben förderlich war. Die DDR war mit einem Ausländeranteil von ca. 1 Prozent faktisch eine monokulturelle Gesellschaft. Weder das Bildungswesen noch die Medien bereiteten die Bevölkerung auf interkulturellen Umgang aktiv vor.

Die DDR-spezifische Verordnung des Antifaschismus konnte dem Schwenk nach rechts offenbar wenig entgegensetzen. Seine Ineffektivität, ja Kontraproduktivität lag dabei sowohl in seiner Ritualisierung, die ihn für die nachwachsende Generation oftmals zur Pflichtübung degradierte als auch in seiner theoretischen Fundierung.

Als Ursachen von Gewalt und Extremismus in Ostdeutschland kommen Umbruchskosten hinzu, die im Zuge der Vereinigung der beiden deutschen Staaten entstanden bzw. entstehen. Sie sind nicht nur auf einen 'Modernisierungs- bzw. Individualisierungs-Aufprall' einer ökonomisch rückständigen Gesellschaft auf eine entwickeltere zurückzuführen. Sie resultieren nicht minder aus der Sprengung eingeschliffener und festgezurrter Polit-Strukturen, die gleichsam einen auch politischen Pluralisierungs-Schock nach sich zieht. Neben der plötzlichen Konfrontation mit den ökonomischen Chancen und Risiken kapitalistisch geprägter Freiheiten stellt sich nicht minder abrupt das Problem des Umgangs mit politischer Vielfalt und ihrer vornehmlich parlamentarisch-demokratischen Kanalisierung. In diesem Schock verdichten sich die Nachwirkungen von Totalitarismus-Schäden, die erforderlich werdende Neu-Strukturierungen der politischen Ordnung erschweren.

Das im Umbruch entstandene gesellschaftliche Macht- und Kontrollvakuum - besonders augenfällig an der Hilf- und Tatenlosigkeit der Polizei bei Übergriffen auf Ausländer, aber auch bei klassischer Gewaltkriminalität - läßt zudem die notwendige Eindeutigkeit und Konsequenz staatlicher Reaktion auf personal zu verantwortende Gewalt vermissen. Was in der DDR als Kehrseite umfassender Kontrolle an sozialer Sicherheit, Einbindung und Strukturierung gewährt wurde und in die Versorgungsmentalität lockte, bricht von heute auf morgen weg und muß durch Strategien der Selbstdurchsetzung ersetzt werden. Plötzlich werden ganze Biographien entwertet. Jahrzehntelang tradierte Verhaltensmuster werden anachronistisch, wo soziale Verwerfungen auf dem Arbeits-, Wohnungs- und Immobilienmarkt aufbrechen, wo bisherige kollektive Identitätsbezüge verschwinden und äußere Vorstrukturierungen der politischen Orientierung wie des Lebenslaufs vom Zwang zur individuellen Entscheidung ersetzt werden. Die Breite

21

heutiger Verunsicherungen entspricht der vormaligen Umfassenheit des staatlichen Zugriffs auf den einzelnen. Die Vehemenz der Suche nach neuen Gewißheiten, auch der Rückgriff auf Gewalt als scheinbar taugliches Lösungsmittel für Verunsicherungssituationen, kann deshalb nicht verwundern, geht es doch privat und politisch um nichts weniger als darum, neue Bezugspunkte und Verfahrensweisen für die Ausbildung personaler und sozialer Identität in einer unübersichtlich gewordenen Landschaft zu entdecken. Gewaltanwendung suggeriert dabei, klare Verhältnisse zu schaffen, universal verstanden zu werden, in ihrer Effektivität akzeptiert werden zu müssen, schnelle Lösungen zu erreichen, emotionale Befriedigung zu erlangen, eigene Stärke präsentieren, erlittene Verletzungen 'nach außen' wenden und damit Ohnmachtsgefühle überwinden zu können.

Ihre rechtsextreme Aufladung verdankt sich neben den oben erwähnten, sie begünstigenden 'hausgemachten' Tendenzen der DDR-Gesellschaft und -Sozialisation nicht zuletzt der im Zuge der Wende vollzogenen Metamorphose der 'friedlichen Revolution' zur 'deutschen Frage'. An der Veränderung der zentralen Parole der Montagsdemonstrationen läßt sich dies besonders klar ablesen: Es erfolgte eine Bedeutungsverschiebung von dem progressiven, d.h. gegen die DDR-Herrschaftsverhältnisse gerichteten Volks-Begriff im Ruf *'Wir* sind das Volk' in Richtung auf einen traditionalistischen, quasi-biologistischen Volkstumsbegriff in der integrationsideologischen Parole 'Wir sind *ein* Volk'. An dieser Aufwertung des Deutschtums konnte ein 'DM-Nationalismus' (Habermas) ansetzen, der alternative Entwicklungsmöglichkeiten der DDR-Gesellschaft erstickte, die Rolle der Bürgerbewegungen aushebelte und zum schnellen Anschluß drängte. Der Ökonomisierungsdruck verhindert, daß vernünftig und realistisch darüber debattierbar wäre, wie zu retten ist, was 'gut war und klar war' in der ehemaligen DDR, z.B. die Existenz einer Jugendvertretung im Parlament oder die guten Seiten der Jugendclubarbeit.

Bei dem **vierzehnten** *und hier letztgenannten Punkt zur Analysedimension ist ein Umdenken vielleicht am allerwichtigsten. Er betrifft die Ansicht, die kapitalistische Modernisierung habe mit dem politischen Schwenk nach rechts nichts zu tun:*

»Wer über den Faschismus redet, darf vom Kapitalismus nicht schweigen.«

Dieses bekannte, hier leicht abgewandelte Diktum Horkheimers war wohl nie wahrer als heute. Denn: Rechtsextremismus und fremdenfeindliche Gewalt, wie wir sie in den letzten Jahren erleben müssen, sind im wesentlichen begreifbar als Folgekosten ökonomischer Modernisierung (vgl. dazu im Hinblick auf Kriminalität auch Blinkert 1988). Dies gilt insoweit, als die fortschreitende Durchkapitalisierung aller Lebensbereiche ein Denken in Kosten-Nutzen-Kalkülen sich ausbreiten läßt, zweckrationale gegenüber wertrationalen Entscheidungen begünstigt und damit Normbindungen im Sinne von Wertetraditionen abschwächt.

22

Die kapitalistische Ökonomisierung produziert einen Individualtypus, der

a) die eigenen Bedürfnisse und ihre Befriedigung in den Vordergrund rückt und einen egozentrischen Hedonismus verfolgt,

b) Handlungsentscheidungen stärker nach Erfolgs- und Mißerfolgswahrscheinlichkeiten trifft als nach Gewohnheiten und tradierten Norm- und Gesinnungsvorgaben,

c) die externalen Folgen des eigenen Handelns angesichts seines output-Drucks aus der Handlungsverantwortung tendentiell ausklammert.

Überpointiert: Der Homo oeconomicus löst den Homo sapiens ab. Im Mittelpunkt seines Bestrebens steht die individuelle Vorteilsmaximierung - nahezu um jeden Preis und unter Inkaufnahme von Beeinträchtigungen des Anderen und des Gemeinwohls. Die rücksichtslosen Durchsetzungsstrategen des rechten Lagers, vor allem jene Fraktion, die von den Modernisierungsgewinnlern gebildet wird, sind eine Avantgarde dieser neuen Individualform.

Neben diesem 'utilitaristischen Individualismus' der Leistungs- und Konkurrenzgesellschaft machen führende amerikanische Sozialforscher einen Trend aus, den sie 'expressiven Individualismus' nennen (vgl. Bellah u.a. 1987). Damit soll angedeutet werden: Außer um Vorteilsmaximierung geht es auch um Lust- und Gefühlsmaximierung. Die Konsumwelt spricht den potentiellen Kunden vornehmlich affektiv an. Der Versorgungskauf wird zunehmend vom 'Erlebniskauf' abgelöst. Der überbordende Konsummarkt braucht den impulsiven Kunden, nicht den nachdenklich Abwägenden, Vergleichskritischen. Er soll seinen Affekten nachgeben, nicht sie kontrollieren. Affektkontrollen werden abgebaut. Konsumatorische Selbstinszenierung statt bescheidene Selbstdisziplinierung ist gefragt.

Ist es da verwunderlich, wenn die psychologische Reaktanz anzusteigen scheint, Jugendliche sich leicht angemacht und provoziert fühlen und darauf mit unkontrollierter Gewalt-Emotion antworten? Mit Slogans wie »Hol Dir!« verlockt die Werbung; nicht einmal »Kauf Dir!«. Das Mittel zum Erwerb des Guts wird gar nicht mehr angesprochen. Man suggeriert Mittelindifferenz. »Kauf Dir!« würde wenigstens das Mittel, das Geld nämlich, ansprechen; »Hol Dir!« tut dies nicht. Selbst von 'Spaß' heißt es »hol ihn Dir«, als ob 'Spaß' ein Gegenstand wäre, der käuflich zu erwerben wäre. Lebensfreude, Lust und Gefühl werden so zur Ware. Insbesondere auch den besonderen 'Kick', den 'Thrill' gibt's nicht mehr umsonst. Wo das Abenteuer, das Höhepunkterlebnis im Alltag fehlt, muß man es sich anscheinend reinholen: aus Videotheken entleihen, in Spielhallen erjagen, mit der Kinokarte erwerben oder beim 'Bullen-Jogging', im Straßenkrawall, in der Fan-Prügelei oder sonstwo suchen. Dort ist es kurzfristig billiger, entfesselter und augenscheinlich auch authentischer und 'echter' als in den legitimierten Sektoren unserer Erlebnisgesellschaft zu haben.

Vor diesem Hintergrund erlangt die Formel von der 'Gewalt Jugendlicher als Ausdruck ihres Unbehagens' einen neuen zusätzlichen Akzent: Gewalt ist Expression, ist Teil des 'expressiven Individualismus' (vgl. Bellah u.a. 1987), den der Konsummarkt fördert. Selbstentäußerung um jeden Preis heißt seine Devise. Genuß zuerst. Was schert mich Moral? Ästhetische Inszenierung ist angesagt. Warum nicht auch die Ästhetik des Häßlichen, die der Gewalt?

Unter dieser Perspektive stellt sich als ganz entscheidende Frage an die Forschung auch, was Konsumorientierung mit Rechtsorientierung zu tun hat. Sie bleibt leider bislang völlig ausgeblendet. Wenn es indes einen Schlüssel zur Lösung oder doch zumindest Bearbeitung des Rechtsextremismus-Problems gibt, dann liegt er auf diesem Feld. Er ist nur zu finden, wenn wir das Rätsel lösen, wie eine Modernisierung unserer Gesellschaft weiter vollzogen werden kann, ohne die epidemische Ausbreitung des 'Utilitarismus-Syndroms' und des rücksichtslosen Expressionismus zu riskieren.

2. (Miß-)Verständnisse über geeignete pädagogische Ansätze

Nicht minder hoch und nicht weniger erosionsgefährdet türmen sich die gängigen Verständnisse und Mißverständnisse über geeignete pädagogische Ansätze zur Lösung des Problemkomplexes 'Rechtsextremismus bei Jugendlichen' auf:

Die Auflösung einer lange währenden Auffassung wurde bereits eingangs erwähnt: derjenigen nämlich, man könne mit rechtsextrem Orientierten nicht pädagogisch arbeiten. Die z.T. mehrjährige Existenz von sozialpädagogischen Projekten in rechten Szenen ist lebendiger Gegenbeweis. Auch Varianten dieses Vorbehalts werden sich als haltlos erweisen. Dazu gehören z.B. die beiden, daß ein Sichabgeben mit rechtsorientierten Jugendlichen politisch gefährlich sei und man die dort vergeudeten Energien und Ressourcen lieber in 'Ausländerarbeit' investieren solle, bzw., daß es erfolglos bleibe, wenn nicht gar kontraproduktiv sei in dem Sinne, daß man als Mitarbeiter letztlich als 'Nationalsozialarbeiter' tätig sei.

Eine **zweite** damit zusammenhängende Auffassung war lange verbreitet und wird auch heute noch teilweise vertreten: der Glaube an die Effektivität der herkömmlichen Herangehensweisen des traditionellen Antifaschismus. Seine politischen und pädagogischen Strategien sind im wesentlichen auf Historisierung gerichtet. In ihrem Zentrum steht die wohlgemeinte Aufklärung über die barbarischen Greuel des Nationalsozialismus. Sie wird verbunden mit der Erwartung, aus den Fehlern der Generationen von damals könnten die Nachgeborenen für heute und die Zukunft lernen. Ich habe seit langem, verschiedentlich, vehement und penetrant, gegen die Implikationen dieses Fehlschlusses anargumentiert, gegen ihre Etikettierungen, Stigmatisierungen, falschen Analogieschlüsse, ihre Einseitigkeiten, Auslassungen, Aporien, ihre Methoden, Abwehrhaltungen, Immunisierungsversuche usw.. Ich will die Argumente daher hier nicht wiederholen (vgl. Möller 1989). Die vielen Hünxes, Hoyerswerdas und Lichtenhagens in unserer Republik unterstreichen die Erfolglosigkeit des bisherigen Antifaschismus auch nur allzu deutlich. Sie zwingen einem fast die Songzeile von Sting auf: »history teaches nothing«. In jedem Fall aber fordern sie dazu auf, die Gegenwartsprobleme rechtsextrem Auffälliger in den Mittelpunkt zu rücken und ernst zu nehmen, statt sie nur als Neuauflage von bereits Dagewesenem zu behandeln.

Eine **dritte** weitverbreitete Auffassung besteht darin, daß man eingesehen hat, die Problematik nicht juristisch und polizeilich entsorgen zu können und sich deshalb von der Sozialpädagogik die Lösung erhofft. Sie ist gefährlich vor allem in dreierlei Hinsicht:

a) Wenn Träger der Jugendhilfe im Wettbewerb um Gelder den Eindruck erzeugen, mithilfe sozialer Arbeit das Problem in den Griff zu kriegen, ist dies deshalb problematisch, weil wir doch inzwischen wissen, daß die Ursachen der Problematik so tief in sozial-strukturellen Wandlungsprozessen verankert sind, daß sie außerhalb der Reichweite sozialer Arbeit liegen. Sollten sich überzogene Erfolgserwartungen deshalb auf Dauer nicht realisieren lassen, fällt der Schwarze Peter der sozialen Arbeit zu. Sie wird delegitimiert. Stattdessen sollte soziale Arbeit genauer bestimmen, öffentlich und auch gerade gegenüber Geldgebern, was sie kann und was nicht und unter welchen Bedingungen sie was zustandebringt.

b) Den Schwarzen Peter an die soziale Arbeit weiterreichen zu können, ist eine willkommene Entlastung für die Politik. Solange die aufbrechenden sozialen Wunden mit sozialpädagogischen Pflästerchen verdeckt sind und diese Oberflächenheilung versprechen, muß sie sich nicht genötigt sehen, die Probleme an der Wurzel zu packen. Man kann dann (weiterhin) so tun als ob.

c) Wenn PädagogInnen und SozialarbeiterInnen auf den ausgestrichenen Leim kriechen, statt auch die Grenzen ihrer Arbeit öffentlich und selbstbewußt deutlich zu machen, gehen sie das Risiko ein, Strategien der politischen Einmischung als Arbeitsprinzip gering zu bewerten. Kaum etwas aber ist langfristig so wenig verzichtbar wie die politische Dimension sozialer Arbeit.Denn Probleme sozialer Ungleichheit lassen sich nicht durch ihre Pädagogisierung lösen.

Ein **viertes**, vor allem in der Anfangsphase der neuerlichen sozialpädagogischen Zuwendung gängiges Verständnis kategorisiert die Arbeit in rechten Szenen unter die Rubrik 'Problemgruppenarbeit'. Man meint dann: Es gelte, sich diesen Szenen zuzuwenden, weil ihre Angehörigen Probleme hätten; und diese Probleme lägen in ihrem offen faschistischen, faschistoiden, gewalthaltigen bzw. fremdenfeindlichen Denken und/oder Verhalten. Man übersieht dabei: Was Erwachsene und Pädagogen als Problem definieren, muß für die rechts orientierten Akteure subjektiv keines sein. Im Gegenteil: Häufig erscheint ihnen ihr Verhalten geradezu als Problemlösung. Hinter den offen zutagetretenden Aktionsweisen und -bereitschaften liegen andere Probleme. Deshalb kommt es darauf an, an den Problemen anzusetzen, die die Klientel hat, nicht an denen, die sie schafft.

Aber mehr noch: Gerade um Zugang zu ihm gewinnen zu können, liegen sozialpädagogische Anknüpfungspunkte wohl gerade außerhalb der Problembereiche, eben bei Interessen und Bedürfnissen, die nicht von vornherein problembelastet sind. »Bedürfnisorientierung statt Problemgruppenbezug« heißt (nicht nur) deshalb die umzusetzende paradigmatische Formel (vgl. Möller 1991b).

»Lieber ein Nazi als sonst nichts« - Dies ist die identitätsstiftende Selbstzuschreibung zahlreicher rechter Jugendlicher, die Etikettierungen ihrer Umwelt dabei aufgreifend (vgl. z.B. den Fall 'Till' in: Heitmeyer u.a. 1992). Für Jugendliche Erfahrungen zu ermöglichen, die andere Seiten ihrer Persönlichkeit zum Vorschein bringen, die neben oder unter dem 'Nazi'-Aufkleber verborgenen, das ist eine, vielleicht die zentrale Aufgabe einschlägiger pädagogischer Arbeit. Es geht um die Vermittlung von funktionalen Äquivalenten für Identitätsvehikel wie Minoritätenabwertung, Anmache, Gewalthandeln etc.

Wenn aber Hilfe zur Identitätsstiftung im weitesten Sinne das Ziel ist, erweist sich eine **fünfte** Ansicht als verkürzt. Diese meint, Hauptaufgabe sei, rechtsextrem Auf- und Anfälligen eine bessere Einsicht zu vermitteln. Allein verkopfte Aufklärung kann aber nicht ziehen, weil die Person als ganze im Identitätsschlamassel steckt. Fremden'haß', Zerstörungs'wut', Überfremdungs'gefühl', Parteien- und Staats'verdrossenheit' - schon in den Begriffen klingen die affektiven Dimensionen der Problematik an. Gegen Empfindungen, Stimmungen, Gestimmtheiten, Mentalitäten o.ä. aber läßt sich nicht rational anargumentieren.

Sie aufzuweichen, bedarf es gegenläufiger, emotional getönter Erfahrung: z.B. positiver Erfahrungen von Selbstwert, Zusammenhalt, Solidarität, sozialer Anerkennung und persönlicher Stärke, fernab von permanenter Konkurrenz, von Gewalt und Unterdrückung. Solche Erfahrungen macht man am unwahrscheinlichsten im Seminarraum beim Reden, am ehesten bei Aktion und action.

Ein **sechster** Punkt hängt damit eng zusammen:

Wir sollten nicht länger die 'Körperanteile' an der Problematik ausblenden bzw. unterschätzen. Gewalthandeln ist body-action schlechthin. Ein 'brutales' oder rechtsextremes Outfit gehört zur Inszenierung des eigenen Körpers, zu seinem styling, zu seiner Ästhetik, zu seiner Selbstvergewisserung und seiner Darstellung nach außen. »Kleider machen Leute« sagt der Volksmund. Machen nicht manchmal Kleider auch Nazis - zumindest dem Augenschein nach? Die Skin-Glatze z.B.: Was sagt sie über das Körper-Selbstbild ihres Trägers aus?

Und Gewalthandeln selber: Was bringt es an Körpererlebnissen? Inwieweit kompensiert es verstellte Bewegungsräume im Alltag? Es ist doch wohl alles andere als Zufall, wenn der Fremdenhaß in Plattenbausiedlungen und Betonburgen besonders lichterloh brennt. Viel zu wenig wissen wir um die Körper-Dimensionen von Gewalthandeln. Würde die Forschung auf diesem Gebiet mehr tun, fiele der Praxis womöglich noch mehr ein als Erlebnispädagogik oder Fußballturniere zu organisieren und Kraftsport anzubieten.

Ein **siebter** Punkt ist mit dieser Überlegung verbunden. Das gängige Verständnis geht davon aus, Antifa-Arbeit und Jungenarbeit seien völlig verschiedene Arbeitsfelder. Diese Auffassung ist nicht mehr aufrechtzuerhalten. Ganz im Gegenteil: Wenn es ein Arbeitsfeld gibt, auf dem Jungenarbeit heute aktuell gefordert ist, dann ist es gerade die Arbeit mit rechtsextrem orientierten Jugendlichen, denn sie sind in ihrer erdrückenden Mehrzahl männlich. Dies ist kein Zufall, sondern hat mit den Schwierigkeiten des Aufbaus von männlicher Identität und den Verunsicherungen der Jungen- und Männerrolle zu tun, die die Modernisierung unserer Gesellschaft und ihrer Geschlechterverhältnisse im Schlepptau nach sich zieht. Geschlechtsreflektierendes Arbeiten gehört deshalb zu den allerwichtigsten Ansatzpunkten einer sozusagen 'modernen' Antifa-Pädagogik.

Eine **achte** Vorstellung geht davon aus, daß man es bei 'antifaschistischer' bzw. 'gewaltverhindernder' Jugendarbeit mit eher älteren Jugendlichen zu tun hat, den 16 bis 21-Jährigen ungefähr. Die Forschung geht deshalb auch vornehmlich den politischen Sozialisationsprozessen dieser Altersgruppe nach. Etwa mit Beginn der 90er Jahre zeichnet sich allerdings eine deutliche weitere Verjüngung der Szene ab. Schon 12- bis 15-Jährige steigen ein. Gerade die letzten Gewalt-Monate führten dies auch einem breiteren Publikum auf dem Bildschirm vor Augen. Für pädagogische Praxis wie Forschung folgt daraus, sich stärker dieser Altersgruppe der sog. 'Lückekinder' zuzuwenden. Dies bedeutet u.a. fünferlei:

a) schneller auf rechte Vorkommnisse reagieren zu können, damit von der Beantragung von Projektgeldern bis zur Bewilligung nicht ein, zwei, drei Jahre ins Land gehen, während derer sich das problematische Verhalten

27

der Kids zu verfestigen droht;

b) ernsthafter als bisher präventiv tätig zu werden und über soziale Arbeit 'rechtzeitig' einzugreifen, bevor das Kind in den Brunnen gefallen ist;

c) neue Methoden politischer Bildung zu entwickeln, die altersangemessen sind;

d) systematisch Elternarbeit einzuplanen;

e) noch stärker viertelbezogen zu arbeiten, denn die jüngeren Jugendlichen haben ihre Treffpunkte noch weitgehend innerhalb des Wohnquartiers.

Ein weiteres Verständnis, das **neunte** in unserer Reihung, ist sehr weit auch gerade unter Sozialarbeitern/-pädagoginnen verbreitet: die Definition von Sozialpädagogik als Randständigenarbeit. Die Logik in bezug auf unser Arbeitsfeld heißt dann: Rechtsorientierte Jugendliche sind sozial Marginalisierte. Deshalb gehören sie in den Zuständigkeitsbereich der Sozialpädagogik, die sich von jeher vorrangig über die Betreuung sozial Benachteiligter definiert. Mindestens die folgenden zwei Aspekte erscheinen an diesem Verständnis problematisch:

a) Rechtsorientiert sind nicht nur Teile der gesellschaftlichen *looser* und *underdogs*, sondern auch 'Normalos' und Modernisierungsgewinner. Deshalb erschöpft sich Arbeit mit rechten Jugendlichen nicht in Randgruppenarbeit, sie hat sich vielmehr als Bestandteil allgemeiner Jugendpädagogik zu verstehen.

b) Sozialpädagogik könnte ihre Absetzung von der allgemeinen Pädagogik nicht nur durch den Bezug auf besondere soziale Problemlagen bewerkstelligen. Unter Bezug auf beispielsweise Paul Natorp wäre sie vielmehr als jene Pädagogik verstehbar, die ihr besonderes Augenmerk auf das Soziale schlechthin richtet: auf die Gemeinschaft, die sozialen Netze, die gesellschaftlichen Bezüge, die gegenseitigen Bindungen.

Gerade in einer Zeit, der zunehmender Gemeinschaftsverlust und wachsende Bindungslosigkeit attestiert wird, kämen ihr, so gesehen, wichtige Aufgaben zu. Wenn Individualisierungsschübe zentrale Ursachen der neuen Schwenks nach rechts ausmachen, so ist gerade in diesem Sinne Sozialpädagogik als eine 'soziale Pädagogik' im Sinne von Gemeinschaftsbildung, Bindungserhalt und Netzwerken gefordert.

Ein **zehntes**, erst neuerdings auf den Plan tretendes Verständnis, dient 'streetwork' als *die* sozialpädagogische Antwort an, vor allem auch im Nahen Osten Deutschlands. Abgesehen von der Gefahr einer Engführung von Gegenstrategien, wie sie unter Punkt 9 beschrieben wurden, ist in der Arbeit mit Härtegruppen streetwork allein noch kein Rezept. Sozialpädagogen auf die Straße zu schicken, ziemlich unvorbereitet, vielleicht gar Berufsanfänger, das produziert keine Lösung, sondern allenfalls blaue Flecken oder gar Krankenhausaufenthalte. Denn streetwork ist nicht mit Mobiler Jugendarbeit gleichzusetzen; streetwork ist eines ihrer Elemente. Mobile Jugendarbeit hat Erfolge vorzuweisen. Am ehesten aber wohl dann, wenn sie auf fünf Säulen basiert:

1. einer Feldforschung, die den Bedarf an notwendigen Hilfen zunächst einmal eruiert und schon als Phase der Anbahnung von Kontakten dienlich ist;
2. Einzelfallhilfe;
3. soziale Gruppenarbeit;
4. street work; 5. Öffentlichkeits- und Gemeinwesenarbeit mit dem Ziel, die sozialen Ursachen der offenliegenden Problematik mit anzugehen und die Angehörigen des Gemeinwesens so weit möglich mit in die Verantwortung für ihre Beseitigung einzubeziehen. Denn es gilt, die Probleme der Jugendlichen auch als Probleme des Gemeinwesens zu verstehen.

Elftens: Das Stichwort 'Gemeinwesenarbeit' deutet es bereits etwas an: Zu meinen, allein Jugendarbeit sei als sozialpädagogisches Arbeitsfeld gefordert, ist ein Irrtum. Die Wähler der Rechtsextremen sind erwachsen, die Claqueure in Hoyerswerda, Rostock und anderswo sind erwachsen, die Verantwortlichen für die Jugendsozialisation sind erwachsen. Was aber macht die Andragogik?

Die Erwachsenenbildung organisiert Vorträge und Kurse zum Thema 'Rechtsextremismus bei Jugendlichen', zu denen dann im allgemeinen JugendforscherInnen und andere JugendexpertInnen eingeladen werden. Wann endlich greift sie die Verantwortung Erwachsener am Problem auf? Wo bleibt so etwas wie 'Mobile Erwachsenenarbeit', wie 'Stammtischpädagogik'? Wann intensiviert sie die Familienbildung? Vorträge über rechtsextreme Computerspiele, über Gewalt auf Schulhöfen, über Jugend und ihre Faszination durch Videobrutalos finden sich in jedem VHS-Programm. Wann werden die Erwachsenenmedien mal problematisiert? Wo bleibt der Medienworkshop, der die Berichterstattung von 'BILD', 'Report München', aber auch von 'Kontraste', 'Frankfurter Rundschau' und 'Spiegel' auf's Korn nimmt?

Gängiges Verständnis Nummer **zwölf**:

»Zielgruppe von Jugendarbeitsprojekten zum Problembereich rechtsextrem konturierter Gewalt sind ausschließlich deutsche Jugendliche«. - Vielfach werden die Fronten innerhalb sozialer und pädagogischer Arbeit noch moralisierend eindeutig bestimmt: Hier die armen, guten Ausländer, dort die bösen, aggressiven Deutschen. Solche Schwarz-Weiß-Malereien entstammen der Dramaturgie eines Cowboy-Films, nicht aber der des Lebens. Das Leben weiß: Gewalt ist ein Interaktionsprodukt.

Klar: MigrantInnen sowie InländerInnen mit fremdem Paß sind bei uns hochgradig sozial, ökonomisch, kulturell und politisch benachteiligt. Sie sehen sich in höherer Anzahl Übergriffen auf Leib und Leben ausgesetzt als die Medien oder Verfassungsschutzorgane und die Polizei dies gewahr werden bzw. vermelden. Mehr noch: Ihre Diskriminierung wird systematisch und durch offizielle Politik betrieben.

Gleichwohl existieren unübersehbar sogenannte multi-ethnische Cliquen, gibt es Beteiligungen von in Deutschland geborenen Angehörigen anderer Nationen an Angriffen auf Ausländer, Frontstellungen von Deutschen und Ausländern gemeinsam gegen Aussiedler, anti-deutsche Pauschalisierungen, Fundamentalismus und Rassismen in Ausländergruppen. Und: Vor lauter wohlgemeinter Ausländerfreundlichkeit dürfen wir auch nicht die hohe Kriminalitätsbelastung ausländischer Jugendlicher weiter zur Unbedeutsamkeit kleinreden. Auch wenn sie statistisch und medial unverhältnismäßig aufgebläht wird, bleibt sie erheblich. Penetrante Entdramatisierung führt am Ende zu ihrer Ignorierung und zum Verkennen der dahinter liegenden Problemlagen von Migrantenjugendlichen.

Jugendarbeit darf dem nicht Vorschub leisten durch ein Auseinanderdriften ihrer diesbezüglichen Ansätze: auf der einen Seite mobile Projekte mit deutschen Jugendlichen in rechten Szenen, auf der anderen Seite Folkloristisches und Kulinarisches in festen Häusern der sogenannten 'Ausländerarbeit' unter der terminologischen Tarnung eines kaum eingelösten interkulturellen Ansatzes.

So hoch der Stellenwert tatsächlicher interkultureller Begegnung auch in der Jugendarbeit zu veranschlagen ist, so dringend ist spezifische jugendpädagogische Zuwendung zu ausländischen Cliquen auch auf der Straße erforderlich. Auch hier sind der Abbau von Gewalt und Ungleichheitsideologien wie z.B. Nationalismus und Sexismus Kernziele. Wer das nicht wahrhaben will, macht sich der multikulturellen Schönfärberei schuldig.

Dreizehntens: Eine der weitverbreitesten Übereinkünfte besteht darin, Fremdenfeindlichkeit sei über die Strategie des Vorurteil-Abbaus zu bekämpfen. Aus einer Reihe von Gründen drängt sich diesbezüglich immer stärker Zweifel auf. Zwei davon sind besonders wichtig:

Zum ersten: Die Rede vom 'Vorurteil' setzt das Wissen darum voraus, daß es sich bei einer konkreten Haltung tatsächlich um ein Vorurteil und nicht um ein Urteil oder ein Vorausurteil handelt. Beispiel: Wenn ein Jugendlicher sich darüber beklagt, ausländische Jugendliche in seiner Hauptschulklasse würden den Lerntakt bestimmen. Er käme deshalb viel zu langsam voran. Ist das ein Vorurteil? Beispiel: Wenn ein Jugendlicher seine ablehnende Haltung gegenüber Ausländern damit begründet, ihre Anwesenheit verschaffe ihm das Gefühl, fremd im eigenen Land zu sein. Liegt dem ein Vorurteil zugrunde?

In beiden Fällen haben wir es anscheinend nicht so sehr mit Vorurteilen, sondern mit Erfahrungen zu tun und mit realen Konfliktlagen in ihrem Hintergrund. Auch wenn uns die fremdenfeindlichen Konsequenzen aus diesen Empfindungen nicht passen, so lassen sich doch diese Empfindungen nicht der Falschheit überführen wie bestenfalls ein Vorurteil. Sie sind da. Sie lassen sich nicht weg- und schönreden.

Zum zweiten: Die Vorurteils-These tut so, als sei das Problem der Migrantenfeindlichkeit individuell verankert, als gründe es in den Dispositionen der einzelnen Menschen. Diese Vorstellung lenkt von den strukturellen Voraussetzungen von Fremdenfeindlichkeit ab: von restriktiver Migrationspolitik, von politisch zu verantwortenden Integrationshemmnissen, von nationalstaatlichen Privilegien u.ä.m.. Und: Sie lenkt ab davon, die weltweite Migration mit dem von ihr erzeugten Durcheinanderwirbeln der Individuen über Kulturgrenzen hinweg als tatsächliches Problem wahrzunehmen, das der Bearbeitung bedarf; zuvörderst der politischen. Migrationsströme aber stoppt man weder durch Mollies noch durch Asylrechtsänderungen. Das Schlimme daran ist, daß die Asylkombattanten dies auch wissen.

Konkrete Projekte der '3. Welt'-Arbeit wären eine Alternative. Sie leiden bislang darunter, nur sehr begrenzte Bevölkerungskreise zu erreichen. Ein entsprechendes Engagement setzt an vorhandenen caritativen, politischen oder humanistischen Interessen an. Daher gewinnt solche Arbeit gerade nicht jene, die Bedrohungsgefühle besitzen und entsprechende Abwehrhaltungen ausgeprägt haben. Gerade der Einbezug dieser Personengruppen wäre anzustreben. Strategien moralisierenden Appellierens sind dafür denkbar ungeeignet. Der immer wieder bestrittene Umweg über den Aufbau eines Schuldgefühls den Unterdrückten und Ausgebeuteten gegenüber ist zu lang, wo die Herausforderungen interkultureller Vernetzung über die Grenzen der Systeme, Blöcke und Kontinente hinweg längst von einer Gewissens- zu einer Überlebensfrage geworden sind. Erfolgreicher ist es, auch die Seite des Exotisch-Reizvollen des Fremden zu berücksichtigen und diesbezüglich weniger kognitive als erfahrungsorientierte Pädagogik zu betreiben. Es sind Beispiele bekannt, wo z.B. als 'problematisch' erachtete Jugendliche gebrauchte Jeeps und LKWs restauriert und sie anschließend in die 'Dritte Welt' überführt haben. Solche Aktionen setzen freilich einen gewissen Experimentiermut und vor allem professionelle pädagogische Planung voraus.

Das **vierzehnte** gängige Verständnis heißt: »Humor ist lächerlich«, »Lachen gehört in die Lachparade«, »Witze sind was für Kinder und schlichte Gemüter«. Dabei wird übersehen: das Verulken, das Lächerlichmachen, das Witzereißen gehört von jeher zu den Provokationsformen Jugendlicher gegenüber angeblich wohlmeinenden Erwachsenen. In der Jugend vieler SozialarbeiterInnen von heute hieß ein einschlägiger Spruch: »Wir sind die Leute, vor denen uns unsere Eltern immer gewarnt haben!«

Auch Jugendliche heute sind oft beißend witzig, zynisch, sarkastisch und lachen gern, nicht nur auf Kosten anderer und nicht nur über Ausländerwitze. PädagogInnen aber reagieren auf witzig gemeinte Bemerkungen häufig bierernst, spielen den Zensor, rationalisieren. Dabei läßt sich in der Praxis vieles durch gewitzte Retourkutschen entschärfen. Hochschulen bilden für alle möglichen Reaktionsformen auf Verhaltensweisen Jugendlicher aus, nicht aber für so etwas Alltägliches wie Humor. Manchmal glaube ich: Wir bräuchten so etwas wie eine 'Humorpädagogik'.

Fünfzehntens: Ein gängiges Verständnis bei sich fortschrittlich dünkenden KollegInnen meint, Begriffe wie 'Moral', 'Normen und Werte', 'Ethik' und 'Ritual' stünden nur konservativer Pädagogik zu. Bei dieser Auffassung handelt es sich um Opfer an eine hybride Modernisierung der sozialen Arbeit. Fakt ist doch, daß sich im Zuge fortschreitender Individualisierungsschübe Normtraditionen immer stärker zersetzen, Rituale entweiht werden, Werte Bedeutungsverlust erleiden und moralisch-ethische Erwägungen Handeln immer weniger prägen.

»Gut«, sagen die einen: »Weg mit dem ganzen Ballast einengender Konventionen, engstirniger Traditionen, überflüssiger Tabus, bigotter Moralisiererei«. Allerdings ist zu bedenken: Wird nicht auch die Gewaltregulation verändert? Der immer häufigere Einsatz von Stich- und Schußwaffen, das Noch-einmal-Drauftreten auf den am Boden liegenden, das Angreifen von Frauen und Mädchen deuten in diese Richtung. Die Relativierung aller Werte, das 'anything goes' mündet in die Orientierung des Handelns am Zweck und an der kruden Erfolgswahrscheinlichkeit. Kann Pädagogik tatsächlich ganz ohne Werte auskommen; und sei es dafür, daß ihr Klientel damit etwas hat, an dem es sich reiben kann?

Die zugegeben zeichenhafte, nur symbolische und deshalb zwangsläufig oberflächliche Sicherheit, die Rituale im Leben eines jungen Menschen schaffen, ist weitgehend weggebrochen. Neue Rituale aber werden offenbar gesucht: Drohrituale, Anmachrituale, Gewaltrituale usw.. Brauchen wir nicht auch Rituale in unseren pädagogischen Arrangements, Rituale, die Vertrautheit schaffen, Verstehen signalisieren, Gemeinschaft ausdrücken?

Wo die Individualität Triumphe feiert, geht die Solidar-Moral verloren. »Jeder für sich, keiner für uns alle« - nach dieser Devise ist kein Zusammenleben organisierbar. Es muß mehr Regeln geben, als die, die jeder für seinen eigenen Nutzen braucht. Wir brauchen so etwas wie eine Moral der Verantwortung. Oder einfacher: eine 'innere' Instanz der Handlungsregulation, die um die Grenzen der Ausnutzung von Spielräumen weiß. Diese wiederum schafft man am wenigsten durch Moral-Appelle. Aber: Klappt eine Pädagogik ohne Ethik?

Der Konsumdruck der Konkurrenz- und Erlebnisgesellschaft hat entscheidenden Anteil an der sukzessiven Entwertung der Werte und dem Bedeutungsgewinn von Zweckrationalität und Selbstbezogenheit. **Sechzehntens** wäre deshalb zu überlegen, ob nicht auch Konsumerziehung wichtiger Bestandteil pädagogischer Arbeit gegen rechts und Gewalt sein muß. Ästhetische Formen statt ethische Normen - diese Formel geht auf Dauer nicht auf. Es gibt die Moral diesseits der Zahlungsmoral. Zudem: Weite Teile der Normalbevölkerung meinen, es sei die 'Langeweile', die Jugendliche zu Randale und Krawall treibt. SozialwissenschaftlerInnen ist eine solche Erklärung meist zu einfach. Sie fragen nach tieferen Ursachen. Vielleicht aber sollten wir solche Alltagsdeutungen ernster nehmen, zumal sie ja auch von betroffenen Jugendlichen kommen. Könnte es nicht sein, daß Langeweile heute schneller auftritt und weitere Kreise zieht, weil die Erregungsbedürfnisse in der Erlebnisgesellschaft ständig hochgetrieben werden, weil es immer schwieriger wird, Genußsucht und Aktionslust zu befriedigen? Sicher: Konsumaskese ist keine realistische Gegenstrategie, aber mehr Konsumbewußtsein vielleicht?

Fazit:

'Jugend und Rechtsextremismus' - Nun gut: Das Puzzle, das dieser Beitrag zu diesem Thema zusammengelegt hat, ergibt kein deutliches Bild. Es besitzt eher die Komplexität einer kubistischen Collage als die schlichte Klarheit naiver Malerei. Unvollendet ist es dazu: Es fehlt mindestens jenes Drittel, das politische Konsequenzen beschreibt. Und: Es franst nach außen aus. Es zeigt: So eng umgrenzt, wie das Thema sich anhört, ist es bei eingehender Betrachtung gar nicht. Nehmen wir ernst, daß der Rechtsextremismus im Zentrum der Gesellschaft nistet, so bleibt uns vorrangig zweierlei:

a) das Thema von der Vereinseitigung auf Jugendproblematik und Jugendarbeit wegzuführen,

b) die augenscheinlich 'normalen' Mechanismen der kapitalistischen Moderne in den Blick zu nehmen.

Diesbezüglich haben viele von uns in den letzten fünf, sechs Jahren lernen müssen, manche Scheuklappen abzulegen: politisch-ideologische, methodische, interpretative. Ich befürchte fast, die letzten haben wir immer noch nicht abgelegt. In ein paar Jahren werden wir wissen, welche das sind.

II. Praktische Erfahrungen
mit sozialer und pädagogischer Arbeit
in rechten Jugendszenen

Wie kann Jugendarbeit mit rechten Szenen in der Praxis geleistet werden? Welche wesentlichen Erfahrungen wurden dazu bislang gemacht? Und: Welche pädagogischen Handlungsorientierungen ergeben sich daraus? Das sind die Leitfragen im zweiten, dem eigentlichen Schwerpunkt des vorliegenden Bandes. Es geht dabei um die systematische Aufarbeitung von Erfahrungen aus zwanzig Projekten in rechten Jugendszenen, wie sie auf der im Vorwort erwähnten Fachtagung zur Sprache gekommen sind. Dazu werden zunächst zentrale Handlungsansätze herausgearbeitet, dann Erfahrungen mit Zugängen und Zugangsschwellen zu entsprechenden Szenen betrachtet. Im weiteren geht es um Zusammenhänge zwischen Lebensräumen von Jugendlichen und Handlungsräumen der Jugendarbeit und dann viertens um in der Praxis entwickelte Umgangsweisen mit besonders auffälligem Verhalten: mit Gewalt, mit provokativen Sprüchen, Witzeleien und Symbolen, mit Minderheitenfeindlichkeit und Sexismus. Abschließend beleuchtet Klaus Farin die bedeutendste und spektakulärste Jugendkultur in diesem Spektrum, die Skinheads, und hinterfragt damit in der Öffentlichkeit gängige Klischeevorstellungen.

1. Zentrale Handlungsansätze - »Die Rechtsorientierung spielt mal zunächst nicht die wichtigste Rolle«

Nicht an den Problemen anknüpfen, die die Jugendlichen schaffen, sondern an denen, die sie haben - dies ist die grundlegende Entscheidung, die die praktizierten Handlungsansätze kennzeichnet. Mehr noch: Nicht einmal ausschließlich Problembeladenes steht im Mittelpunkt; mindestens ebenso geht es auch um solche Bedürfnisse, deren Befriedigungsbehinderungen noch nicht zu Problemen ausgewachsen sind (vgl. dazu auch: Akzeptierende Jugendarbeit 1992).

Dieser Ansatz fußt auf der Überlegung, daß Rechtsorientierungen Symptome erheblicher Schwierigkeiten und Konflikthaltigkeiten der Lebensführung darstellen, deren Kern existentielle Instabilitäten, soziale Desintegration, Orientierungsverunsicherungen, Ängste und politisch-soziale Ohnmachtsempfindungen ausmachen. Soziale und pädagogische Praxis, die den Anspruch erhebt, primär ursachenbezogen statt bloß flickschusternd zu arbeiten, muß entsprechend auf dieser Ebene ihr zentrales Handlungsfeld verorten. Und: Selbst wenn sie zumeist als Feuerwehr gerufen wird, um soziale und politische Flächenbrände zu löschen, sieht sie sich selbst in der Rolle, neue Brandherde erst gar nicht entstehen zu lassen, entsprechende Zündeleien zu verhindern, 'Bombenstimmung' herunterzukochen, Ladungen zu entschärfen, kurzum: vorbeugend tätig zu werden.

Gleichwohl also der gesellschaftliche Auftrag an soziale Arbeit auch in diesem Arbeitsbereich im allgemeinen kurzfristige problemzentrierte Symptomkur sowie Interventions- und Kontrollaufgaben in den Vordergrund von Funktionserwartungen rückt, setzt eine seriöse und dauerhaft erfolgsorientierte Praxis demgegenüber - ohne solche Zuschreibungen schon aufgrund des ständig präsenten Problem(lösungs- bzw. -linderungs-)drucks aus dem Auge zu verlieren - eher auf Langfristigkeit, Ursachenbezogenheit, Prävention und konkrete Hilfeleistungen. Dementsprechend erkennt sie den Gravitationspunkt ihres Selbstverständnisses weniger darin, Jugendliche vermittels kognitiv-rationaler Überzeugungsversuche von ihren (ultra)rechten Orientierungen wegzubringen, als vielmehr darin, sich in jeweils unterschiedlicher Weise und Schwerpunktsetzung als eine Art von 'Sozialisationshelferin' bzw. 'Sozialisationsförderin' zur Verfügung zu stellen. Diese Strategie verfolgt das Ziel, die Bedingungen des Aufwachsens (nicht nur) der Jugendlichen, mit denen man arbeitet, so zu verändern, daß ihnen extrem rechte politische Denk- und Handlungsweisen immer weniger subjektiv funktional erscheinen müssen. Damit sollen gleichermaßen vorhandene

Denkstrukturen brauner Couleur abgebaut wie neue Zuwendungen bzw. Verfestigungen verhindert oder doch zumindest in ihrer Auftrittswahrscheinlichkeit verringert werden.

Dies sind die Gründe dafür, weshalb - für manche vielleicht überraschend - die hauptsächlich relevanten Handlungsansätze nicht oder kaum in der Nähe von Bemühungen zu politischer Bekehrung, Diskussionen über politische Symboliken und Verständnisse, verbalen Argumentationen, geschichtlichen Verweisen - insbesondere auf die Zeit des Nationalsozialismus in Deutschland - und klassischen Methoden politischer Bildung angesiedelt werden. Im Zentrum stehen andere Herangehensweisen. Sie werden zu einem großen Teil von den folgenden sechs Aspekten abgedeckt:

1.1 Sozialisations- und Alltagshilfe

»Bei uns gibt's Kids, so 12 bis 14 Jahre alt. Das ist rechtes Klientel. Kleine Skinheads sind's. Da läuft mit den Eltern nichts mehr. Die hängen auf so 'nem Platz vor der Kaufhalle herum. Leben da. Pennen. Richtig verwahrlost. Zum Wochenende sind die total ausgehungert. Dann vermitteln wir die freitags in ein Heim. Da essen die sich erstmal satt, schlafen und waschen sich. Und spätestens dienstags sind die wieder spurlos verschwunden.
Da ist ein Jugendlicher, der ist 14 Jahre alt. Der hat acht Kinderheime durchlaufen vom vierten Lebensjahr an. Die Mutter war selbst auch ein Heimkind. Die Eltern haben sich getrennt. Der Vater war für ihn offenbar ein Idol. Der hat ihn auch mal zu sich genommen. Das ist aber wohl gescheitert. Der ist auch wieder weg. Und seitdem liegt er auf der Straße. Mit der Mutter kommt er überhaupt nicht mehr klar. Da hat's tätliche Auseinandersetzungen gegeben, so daß die Mutter jetzt ihre Wohnung regelrecht einbunkert, ihn nicht mehr reinläßt. Und aus dem Heim haut er immer wieder ab.
Ja, und diese Kids, dann sind sie halt froh, wenn der Streetworker mal kommt. Dann heißt es: 'Können wir nicht mal was einkaufen gehn?' Da geh'ich dann in die Kaufhalle, hol 'ne Tüte Brötchen, Wurst und 'n bißchen was. Daß die nicht wenigstens noch am Abend in den Kiosk einsteigen und klauen müssen. Das ist ein Kreislauf: freitags ins Heim, dienstags wieder auf der Straße, freitags wieder ins Heim. Verlassene Kinder wie im Mittelalter, südamerikanische Zustände.
Und wenn sie sich jetzt noch 'rechts' nennen, in eine rechte Gruppierung mit reinordnen, das ist für sie irgendwie noch 'n Halt. Diese Clique, diese Szene, das mag für sie 'n Ersatz bedeuten. Auch wenn das rechte, harte Klientel sie ablehnt, weil sie ja 'assihaft' leben, sind sie doch 'ne Rekrutierungsmasse für die organisierte Rechte, die sie aus taktischen Gründen ansprechen könnte. "

Die Schilderung macht eindrücklich deutlich: Das Problem, das diese Jugendlichen *haben*, ist nicht ihre Auffälligkeit oder das, was sie an politischen Vorstellungen 'im Kopf' hegen, es besteht vielmehr in dramatischen Labilisierungen ihrer materiellen Existenzbedingungen. Ignoranz, ja Konfliktblindheit und blanker Hohn wäre es, sich ihnen sozialarbeiterisch in erster Linie unter der Problemgruppenperspektive rechtsextremer Auffälligkeit zuzuwenden. Was diese Jugendlichen vorrangig brauchen, sind nicht andere Weltbilder, sondern konkrete Alltagshilfen. Die Devise dabei heißt: Zumindest so viel Stabilität in die grundlegenden Alltagsvollzüge vermitteln, daß 'Halt' nicht über rechtsextreme Selbstdefinitionen und einschlägige Cliquen, wenn nicht gar Organisationszugehörigkeiten gesucht werden muß. Diese Maxime gilt keineswegs nur für die Trebegängerszene, ihre Randfiguren und jüngere Jugendliche, die unter der Vernachlässigung durch ihre Eltern leiden. Auch PraktikerInnen, die mit älterem Klientel arbeiten, erachten die Stabilisierung von Alltagsbewältigung durchweg als vordringliche Aufgabe. Es geht dann um die Vermittlung von Arbeitsplätzen, von Wohnraum, von Therapieplätzen, um Aufarbeitung von zurückliegenden Straftaten, Begleitung bei ihrer gerichtlichen Aburteilung und gegebenenfalls bei ihrer Sühne, oft in Form von Arbeitsauflagen, um Ämterbegleitung u.ä.m. Zum anderen ist Sozialisationshilfe aber auch dort gefordert, wo die Integration in die Erwachsenengesellschaft scheinbar erfolgreich verlaufen ist. Denn oft entpuppt sich hinter der Hülle formaler Integration in gesellschaftliche Normalitäts-Strukturen reale soziale Desintegration. Die Familien z.B. erscheinen dann äußerlich 'normal', im Inneren indes eher 'normal kaputt'. Ein Bedarf nach Sozialisationsunterstützung tritt verschärft u.a. in der jungen Generation der Ostdeutschen auf:

»Die sind halt in dieser Hinsicht wie Kinder. Die können sich nicht durchsetzen und können auch nicht so darstellen, was sie überhaupt wollen. Das konnte im Prinzip in der ehemaligen DDR eigentlich keiner. Ob rechts oder links: Die haben's eben nicht gelernt. Die haben alles vorgesetzt bekommen, was zu machen ist: Schule beenden, Lehre angeboten (....) Und jetzt stehn 'se auf einmal vollkommen leer da.«

Dabei sehen sich SozialarbeiterInnen vor die Aufgabe gestellt, eine Gratwanderung zu unternehmen zwischen notwendiger Unterstützung einerseits und Klientelisierung andererseits.

1.2 Selbstorganisation und -verwaltung

In diesem Dilemma erweist sich das Festhalten an dem Grundanspruch von Jugendarbeit, Jugendliche zur Selbstorganisation und Selbstbestimmung zu befähigen, als wichtige Orientierungsmarke. Hilfe ist so zu gewähren, daß sie Jugendliche instandsetzt, ihre Alltagsbewältigung selbst in die Hand zu nehmen, sich ihre Lebensumwelt anzueignen und ihr Leben selbstverantwortlich produktiv zu gestalten. Dies wiederum setzt das Schaffen von Verbindlichkeiten im Umgang untereinander voraus, um Elemente von Verläßlichkeit und Vertrauen aufzubauen. Entsprechende Versuche finden in der Arbeitsphase nach dem Kontaktaufbau Platz.

»Verbindlichkeiten schaffen heißt, daß man Verantwortung offeriert. Wir haben z.B. eine Fete angeboten, dazu erstmal ein Festkommittee mit Glatzen gebildet, die gebeten, ihre Musik mitzubringen und mit ihnen erörtert, wie wir bei der Fete Sicherheit in die Räume reinbekommen.«

Die Chance zum freien Verfügen über Räume erweist sich dabei im wörtlichen Sinne oft als die 'Schlüssel'frage:

»'Wir haben da jetzt so einen Bauwagen. Es war dann auch klar, daß wir da kein Schloß vorhängen konnten und bestimmen, wann da geöffnet ist. Das haben die Jugendlichen auch so gesehen, sich ein Schloß besorgt und gesagt: 'So, Ihr kriegt auch zwei Schlüssel!'«

Jugendliche nicht nur von der Straße zu holen, sie nicht nur irgendwie zu beschäftigen, sondern sich auch in ihre Lebensbedingungen einzumischen, ohne ihnen allerdings die Verantwortung dafür abzunehmen, heißt 'Lebensbegleitung leisten'.

In der Unterstützung von Selbstverwaltung liegt aber auch das Risiko einer Förderung von rechtsextremistischen Organisationen. Vor allem im Osten der Republik geht gegenwärtig die Befürchtung um, zur Verfügung gestellte Treffpunkte könnten von neonazistischen Organisationen für ihre Zwecke benutzt werden. In einigen Projekten sind auch entsprechende Versuche der Rechtsextremen, Einfluß zu gewinnen, erfolgt. Gefährdungen ergeben sich durch solche Einmischungsversuche vor allem auf zwei Ebenen: der der rechtsextremen Organisierung des bislang noch eher informell cliquen- und szenemäßig organisierten sozialarbeiterischen Klientels sowie der Vorbereitung von fremdenfeindlichen oder anderen kriminellen Taten. Gegen solche Befürchtungen stehen allerdings die in den Projekten größtenteils gemachten Erfahrungen mit solchen Rekrutierungs- oder Instrumentalisierungsbestrebungen der Rechten: Wenn Organisierte auftauchen, dann nur über kürzere Zeitspannen. Sie versuchen augenscheinlich, einen Fuß in die Tür zu bekommen, sind dann aber zumeist wieder relativ schnell verschwunden. Auch wenn die Gründe für diese Rückzüge nicht gänzlich durchschaubar sind, so scheinen doch fast durchweg Selbstregulierungsmechanismen innerhalb der Szene stattzufinden. Im Osten mag dabei die wenig ermunternde Erfahrung mit der staatlich gelenkten Organisierung von Jugend Vorbehalte bei potentiell Ansprechbaren speisen. Im Westen dürfte - vermutlich noch(!) deutlicher - der Trend zum Individualismus Zugangssperren bilden. Für viele dürfte gelten:

»Von wegen: Du bist nichts, Dein Volk ist alles! Zuerst mal komm' ich, dann wieder ich, dann lange Zeit nichts. Und dann: mein FC.«

Je stärker die individuelle Selbstdurchsetzung als Verhaltensmaxime Gültigkeit beansprucht, um so weniger besteht die Bereitschaft, sich autoritär organisierten Hierarchiestrukturen, wie sie nazistische und faschistische Organisationen kennzeichnen, zu unterwerfen. Dafür Sorge zu tragen, daß individuelle Selbstdurchsetzungsstrategien sich hin zu kooperativ verfaßter Selbstorganisation öffnen, ist ein zentrales Anliegen sozialer Arbeit gegen Rechts.

1.3 Erschließen von Ressourcen

Eine selbstverantwortete, gewaltfreie Lebensgestaltung, die auf tragfähigen Beziehungsgeflechten aufbauen kann, bedarf unabdingbar bestimmter Ressourcen. Dies gilt in erster Linie zeitlich, räumlich, materiell und sozial.[1]
Mangelnde Zeitressourcen scheinen bei oberflächlicher Betrachtung für Jugendliche nicht das Problem darzustellen. Schulschwänzen, Arbeitslosigkeit, das Gefühl, 'daß nichts los ist' scheinen eher ein Zuviel an Zeit zu bescheren. 'Die haben Langeweile' kommentiert dann zumeist die besorgte Öffentlichkeit, um gleich anzufügen, daß man sie durch Beschäftigen auszutreiben habe, um 'dummen Gedanken' vorzubeugen. Nicht nur österreichische Neu-Rechte haben dann rasch das Vorbild einer angeblich 'ordentlichen Beschäftigungspolitik im Nationalsozialismus' als Gegenentwurf und Lösungsversprechen anzubieten. Abgesehen von ihren historischen Klitterungen hebt eine derartige Argumentation nur auf den quantitativen Aspekt des Zeitproblems ab und plädiert deshalb flugs für eine irgendwie geartete Verringerung der 'langen Weilen'. Die *Qualität* des Zeitverbringens erscheint demgegenüber höchstens zweitrangig. Mindestens zwei Blindstellen der Problemwahrnehmung werden dabei offenbar: Zum ersten muß ein 'Rumhängen' und 'Einfach-da-sein' von denen, die es betreiben, subjektiv gar nicht als Langeweile empfunden werden. So scheinen insbesondere jüngere Jugendliche sich über das 'Einfach-nur-zusammen-rumstehen' auch der Öffentlichkeit präsentieren, die Einengungen der Kindheit hinter sich lassend neue Räume erobern und neue - nicht zuletzt heterosexuelle - Kontakte knüpfen zu wollen. Der Treffpunkt an der Dorfkreuzung, das Sitzen auf den Schloßtreppen, das Besetzen des Spielplatzes im Viertel bei einbrechender Dunkelheit bieten Plattformen für die Fremdpräsentation. Sozialarbeiter/-pädagogInnen müssen als Erwachsene vielfach offenbar erst lernen, solche Phasen tatsächlichen oder scheinbaren Nichtstuns zuzulassen: *»Michael Löffelholz vom Hamburger Institut für Jugendkulturforschung hat in*

---

1   Auf die Bedeutung von Handlungs- und Spielräumen für Jugendliche geht Kapitel 3 genauer ein. Die Relevanz materieller Absicherung wurde bereits weiter oben beschrieben. Daher geht es an dieser Stelle speziell um Zeit- und um Sozialressourcen.

einer Untersuchung der Fan-Projekte mal herausgehoben, daß es auch eine pädagogische Qualität darstellt, Nicht-Kommunizieren aushalten zu können.«

Zum zweiten: Dort, wo aber tatsächlich sinnloses 'Zeittotschlagen' Freizeitverfügungen dominiert, schafft Beschäftigungstherapie noch längst kein Sinnerleben. Sinn produziert primär solches Tun, das Handlungsverfügungen optimiert.

»Eine besondere Situation war das anfangs. Da gab es einerseits das Dabei-Sein und Zuhören. Und andererseits ging es darum, gemeinsam den Bauwagen zu gestalten. Damit war ein Medium gegeben. Man konnte sich an was Konkretem festhalten. Das war für die enorm wichtig. Und dann wurde auch schon mal so was rübergeschoben wie: Arbeitslosigkeit zu Hause, Krach in der Familie (....). Es wurden Fragmente von Problemsituationen geschildert. Es bestand die Möglichkeit, uns das mal so zu erzählen. Und trotzdem ging's dann weiter mit der Pinselei.«

Zeit einzusetzen für die Erweiterung von Ressourcen-Spielräumen (in diesem Fall: der Ressource 'Raum', die der Bauwagen bietet), stiftet ihr Sinn und verspricht, einschlägige Vakua aufzufüllen, selbst wenn damit noch nicht ein revolutionärer Umschwung der teils als unbefriedigend erlebten gesamten Alltagsstrukturierung verbunden ist.

Im Bereich von 'Sozialressourcen' weisen die Lebenszusammenhänge der in den Projekten betreuten Jugendlichen vielleicht die größten Defizite auf. Die Selbstverständlichkeiten, Routinen, Habitualisierungen und Ritualisierungen einer Normalbiographie sind bei ihnen vielfach weitestgehend zerplatzt. Die zwischenmenschlichen Beziehungen ihres Alltags, inbesondere die Netze von Familie und Verwandtschaft, erweisen sich für sie im allgemeinen als wenig tragfähig. Sie sehen sich auf sich allein gestellt, nicht selten auch allein gelassen. An die illusionären 'Gewißheiten' einer vorgeblich klaren und eindeutigen politischen Orientierung geklammert stehen sie mit beiden Beinen fest in der Luft. Hinter ihrer Fassade von Selbstgewißheit und trotzigem Einzelkämpfertum bröckelt ihre Identität, insbesondere auch ihre soziale Identität, das Wissen um geographische Verortung im Sinne eines Zuhauses oder einer Heimat und das Gefühl sozialer Eingebundenheit in 'naturwüchsige' Primärgruppen oder gesellschaftliche Kollektive. Einerseits dadurch rigiden Verpflichtungsstrukturen, peniblen Kontrollen und überkommen Vereinnahmungen enthoben, vermissen sie andererseits soziale Nähe, ja Wärme und Geborgenheit. Zumindest Fragmente von sozialer Aufgehobenheit zu vermitteln, den Prozeß sozialer Plazierung, der die Jugendphase per se kennzeichnet, zu unterstützen und gegenläufige Erfahrungen zu Vereinzelung, gegenseitigem Mißtrauen und Konkurrenz zugänglich zu machen, ist deshalb diesbezüglich das zentrale Anliegen sozialer Arbeit. Zwischenmenschliche Verhältnisse erfahrbar zu machen, die zu pflegen sich lohnt, ist gerade in der Arbeit mit rechten und rechtsextrem orientierten Jugendlichen angezeigt, weil es bekanntlich in erheblichem Ausmaß Gemeinschaftssuggestionen und Kameradschaftsofferten sind, mit denen sie durch rechte Organisationen angelockt werden. Makaber, traurig und bestätigend zugleich für diesen Ansatz sind Äußerungen von Jugendlichen gegenüber ihren 'Sozis' wie die:

»Weißte, eigentlich bist Du der erste und einzige, dem ich meine ganze Lebensscheiße jetzt mal erzählt habe und der mir auch zugehört hat.«

Das Zitat wirft ein bezeichnendes Licht auf den vierten Ansatz.

1.4 Beziehungsarbeit

Soziale Ressourcen im nicht von professioneller sozialer und pädagogischer Arbeit berührten Alltag der Jugendlichen zu erschließen, kann nur gelingen, wenn im jeweiligen Einzelfall differenzierte Kenntnisse der Lebensumstände der Jugendlichen und Einblicke in ihre subjektiven Verarbeitungen und daraus erwachsenden Relevanzen vorliegen. Dies wiederum setzt intensive Kontakte voraus, die nicht ohne besondere Vertrauensverhältnisse aufzubauen, zu halten und weiterzustabilisieren sind. Dazu gehört mehr als die technizistische Anwendung von Methoden und Verfahren der Gesprächsführung und mehr als eine an Sitzungsterminen orientierte Gesprächstherapie. Es bedarf Kommunikationsstrukturen zwischen JugendarbeiterIn und KlientInnen, die möglichst nah an denen verläßlicher Alltagsinteraktion angesiedelt sind. Je größer sich Mißtrauenshaltungen gegenüber vorgeblich wohlmeinenden Erwachsenen auf Seiten von Jugendlichen aufgetürmt haben und je tiefer entsprechende Enttäuschungserfahrungen oder -ängste verwurzelt sind, um so schwieriger, aber auch dringlicher stellt sich die Aufgabe der Beziehungspflege. Sie erfordert langfristige Entwicklung. Vor allem in der Anfangsphase erweist sich das Zuhören und 'Einfach-da-sein' als wichtige Herangehensweise. Dahinter steht die Einsicht, daß zunächst einmal die bloße partielle Teilhabe an der Lebenswelt der Jugendlichen Verstehens- und Verständigungszusammenhänge schafft. Im Gegensatz zum gängigen jugendarbeiterischen Selbst-Agieren-Wollen wird dem Klientel gleichzeitig damit deutlich gemacht, daß keine Funktionalisierungsinteressen verfolgt werden (vgl. dazu auch: Heim u.a. 1992,S.131f.).

Das dabei auftretende grundlegende Dilemma bringt zwangsläufig bereits der inzwischen ins Sozialarbeiter-Vokabular aufgenommene Terminus der 'Beziehungsarbeit' zum Ausdruck: einerseits Interesse an einer 'Beziehung' zu besitzen, andererseits dieses Interesse im Rahmen eines Erwerbsarbeitsauftrags formulieren zu müssen, einerseits Interesse am Klienten als Person zu zeigen, andererseits der professionellen Rolle nicht abschwören zu können oder (auch zusätzlich) zu wollen. In rechtsextremen Szenen potenziert sich diese Problematik wohl noch einmal dadurch, daß die weite Kluft zwischen den politischen Auffassungen von Klientel und Sozial'profis' im Regelfall Brückenschläge der unvoreingenommenen Sympathie-, Empathie- oder Verstehensbezeugung erschwert.

Jugendliche konfrontieren ihre 'Sozis' in der Kontaktanbahnungsphase mit dieser nahezu paradoxen Grundstruktur des Verhältnisses zwischen beiden Seiten vermittels Äußerungen wie:

»Du bist nicht eine(r) von uns. Was machst Du also hier?«

'Authentisch sein und bleiben' - darin wird durchweg ein Lösungsweg gesehen. Darunter wird verstanden, sich einerseits nicht willfährig anzubiedern, etwa gar auch an politische Positionen der Jugendlichen anzulehnen und die professionelle Seite der Anwesenheit im Lebensumfeld der Jugendlichen zu verstecken, andererseits sich auch als (Privat-)Person zu erkennen zu geben, die bestimmte Vorlieben, Prinzipien und Lebensmaximen hat.

»Als wir das erste mal auf den Fan-Block gingen, haben wir bewußt Parka und Palästinensertuch angelassen, um zu zeigen: 'Hier, das sind wir. Es gibt noch andere als Euch!' Aus heutiger Sicht würde ich sagen: Das war fast schon provokativ.«

Oder:

»Ich verlange von Euch nicht, daß Ihr Euch die Haare langwachsen laßt. Und Ihr dürft umgekehrt von mir nicht erwarten, daß ich mir 'ne Glatze schneiden lasse, nur damit wir in Kontakt kommen.«

Nur oberflächlich betrachtet geht es dabei um die Beibehaltung von Kleidungsstilen und Outfit. Dahinter steht darüberhinaus auch mehr als eine eher defensive Verteidigung der eigenen Identität. Beabsichtigt ist nämlich auch die Konfrontation mit für Jugendliche z.T. unbekannten Prinzipien und Lebenswelten sowie die Erwartung, dadurch Reflexionen über die bisherigen Lebens- und Kommunikationsstile anzustoßen:

»Wenn die akzeptieren, daß ich meine eigenen Prinzipien habe, genauso wie sie die ihren, dann hab' ich eine gute Basis.«

Und:

»Ich versuche, denen durch mein Auftreten ein Stück weit eine andere Lebenswelt zu zeigen, die sie sonst nicht kennen.«

Dabei ist nach wie vor durchaus strittig, wie weit das Einbringen der eigenen Lebenswelt von Seiten der JugendarbeiterInnen erfolgen soll bzw. kann. Fast will es scheinen, als gäbe es diesbezüglich gegenwärtig Unterschiede zwischen der Sozialarbeit (West) und der Sozialarbeit (Ost):

»Mich rufen die auch spätabends und nachts manchmal noch an: Ich müßte sofort kommen usw.. Auch mein Mann muß dann x-mal ans Telefon. Am liebsten würden die sehen, daß ich den auch noch mit zu ihren Feten bringen würde.« (eine Jugendarbeiterin aus Ostdeutschland)

»Man muß nicht rund um die Uhr arbeiten, das powert aus. Das macht das Klientel auch abhängig von dir: Helfersyndrom«. (ein Jugendarbeiter aus Westdeutschland)

Die längere Professionstradition im Westen der Republik scheint u.a. auch für ein stärker gewerkschaftlich orientiertes Verständnis der Tätigkeit als Berufsarbeit mit entsprechenden Erwartungen an die Arbeitsbedingungen verantwortlich zu sein, während womöglich der akute Problemdruck und ein geringer ausgeprägtes professionelles Selbstverständnis das angesprochene (Über-?)Engagement in den fünf neuen Ländern zu kennzeichnen scheint. Womöglich machen sich hier auch die Spezifika der DDR-Sozialisation der MitarbeiterInnen bemerkbar, die Elemente eines 'sozialistischen Altruismus' zum Tragen gebracht haben, zumindest aber zwischenmenschliche Abschottung untereinander normativ verurteilten. Sicher ist auch zu bedenken, daß die Projekte im Osten Deutschlands sich nahezu alle noch in der Anfangsphase befinden.

Die weitgehende Zerrissenheit der Beziehungsnetze des Alltags der Jugendlichen bringt es mit sich, daß die mit ihnen arbeitenden SozialarbeiterInnen in Segmente von Familien- und Freundesrollen geschoben werden. Insbesondere bieten sich ihnen die Funktionen von 'öffentlichen Müttern und Vätern' (vgl. Aly 1977) an. Die Beobachtung, daß das rechtsextreme Klientel auffällig häufig aus desolaten Familienverhältnissen und Alleinerziehenden-Haushalten mit abwesenden Vätern und überlasteten, teils auch in ihren Erziehungsbemühungen inkonsequenten Müttern kommt - dies anscheinend insbesondere in den Satellitenstädten des Ostens mit vielfach erlebter Wochenkrippensozialisation - wird aus den Reihen der Praxis als »Verlust von Mutterwärme«, von »Nesterfahrung« bewertet und als Auslöser für entsprechende Suchbewegungen außerhalb der Familien gesehen.

»So hart wie sie sind, irgendwie brauchen sie so 'n Mutterersatz, 'ne Glucke. Das ist unheimlich wichtig für sie. Sie sind zwar hart und haben Ausdrücke, daß man manchmal erschrecken kann, aber im Innersten sind sie unwahrscheinlich sensibel. Z.B. der Anführer bei uns, der hatte Geburtstag. Ich hatte ihm da so 'n Kuchen mitgebracht, 'n kleinen. Und da stand er da, so 'n großer Typ und meinte: 'Was soll ich 'n damit? Meinen letzten Kuchen hab' ich bekommen, da war ich drei Jahre alt. Na ja, danke schön.' Er fand's toll. Das war klar. Aber er wollt's nicht zeigen vor den anderen, denn das waren Gefühle.«

»Ja, so Streicheleinheiten brauchen sie wirklich. Gerade wenn's ihnen ganz schlecht geht, wenn sie richtig bitterlich weinen, dann kommen sie zu mir als Mutterersatz.«

Als wichtig wird von den Mitarbeiterinnen erachtet, dabei nicht überkommene und heute anachronistische Hausfrau- und Mutter-Schemen zu reproduzieren, sondern sich auch als emanzipierte Frau zu zeigen, die sich bei-

43

spielsweise nicht beschützen lassen muß, die Dinge tut, die lange Männern vorbehalten waren und die deutlich auch Zuwendungsgrenzen markieren kann. Auch wenn durchweg berichtet wird, daß Mitarbeiterinnen vornehmlich in Mutter-Rollen gedrängt werden oder sie sie modifiziert auch von sich aus anbieten, geraten zumindest in den Fällen, wo keine weiblichen Sozialarbeiterinnen zur Verfügung stehen, auch die angestellten Männer in vergleichbare Positionen. Auf der anderen Seite sehen sie sich auch - wohl bedingt durch das weit verbreitete Fehlen der Väter in den Rumpffamilien bzw. durch ihre Verabschiedung aus der familiären Erziehungsverantwortung - mit spezifischen Erwartungen konfrontiert, die an die herkömmliche Männerrolle herangetragen werden:

»Es ist nicht nur der Mutterersatz. Es ist auch der Papa-Ersatz, der bei uns gesucht wird.«

»Bei unserer Kanutour im Sommer mit Zelten und so, da war auch deutlich unsere 'männliche Kompetenz' gefragt. Beim Nach-draußen-Gehen, Abenteuer-Bestehen und so etwas sind in ihren Augen ja in erster Linie die 'männlichen Tugenden' gefragt. Ich hab' da keine Probleme, diese Norm auch mal erst so zu akzeptieren.«

Dabei ist nicht nur an überkommene Männlichkeitsbilder zu denken. Männer sehen sich auch gerade als 'neue Männer' gefordert, die in der Lage sind, ihre 'weiblichen Anteile' - was immer dies im einzelnen sei - nach außen zu kehren und Emotionales wie Beziehungsbezogenes nicht abzuwehren.

»Auf dieser Ebene ist es dann auch möglich, mit den Jungen Beziehungsgeschichten zu thematisieren: mit den Eltern, mit der Mutter besonders. Bei Konflikten von Männern zu Frauen allgemein oder bei dieser typischen Mutter-Gewalt 'Komm her! Geh' weg!', bei dieser paradoxen Botschaft von Müttern an ihre Söhne, da kann man mal zuerst nur von Mann zu Mann reden; auf jeden Fall!«

Nicht zuletzt deshalb ist es männlichen Mitarbeitern zunehmend wichtig, eine Männeridentität als lebbar vorzuführen, die fernab von Macker- und Machotum liegt.

Zweitrangig erscheint dabei, ob der 'Sozi' eher als Vater-Ersatz oder als 'echter Kumpel' und 'großer Bruder', bzw. ob die Jugendarbeiterin eher als Mutter-Ersatz oder als eine Art 'beste Freundin' gefordert ist. Auch solche Zuschreibungen tauchen allerdings auf. Ihren Hintergrund bildet die Beobachtung, daß den Jugendlichen nicht nur Eltern fehlen, die ihnen zuhören und sie ernstnehmen, sondern sie - vorrangig die Jungen - daneben ebenfalls Schwierigkeiten haben, das, was sie wirklich an Gefühlen bewegt, einem gleichaltrigen Freund oder Cliquenmitglied mitzuteilen. Vielfach herrscht wohl bei ihnen der Eindruck vor:

»Die Knaller, mit denen ich sonst so zusammen bin, die würden mich auslachen«.

Insgesamt wird aus diesen Gründen eine Kombination von männlichen und weiblichen Bezugspersonen in einschlägigen Maßnahmen und Einrichtungen als optimal angesehen.

1.5 Aktivitätenangebote

Das sozialarbeiterische Angebot an Aktivitäten ist in einigen Projekten ein zentraler Ansatzpunkt von Jugendarbeit in rechten Szenen. Ihm kommt aber anscheinend insgesamt im Alltag vor Ort nicht jene hohe Bedeutung zu, die manche ihm unterstellen könnten, sähe man das Ausfüllen von Freizeitleere, das Ablenken von irgendwelchen 'Dummheiten', insbesondere von 'Randale' und 'Krawall', mittels 'Beschäftigen' mit 'sinnvollen' Alternativen und das Eingehen auf überhandnehmende Erregungsbedürfnisse bei einem hochgradig actionorientierten Klientel als Hauptaufgabe.

Unter anderem ist es die actionorientierte und anlaßzentrierte pädagogische Arbeit, wie in den Fan-Projekten, die sich weniger veranlaßt sieht, ein Programm anzubieten. Die Fußball-Kultur im weiteren Sinne rund um den Besuch von Spielen inszeniert dieses Programm schon selbst, so daß Aktivitätenangebote einen anderen Stellenwert als bei sozialer Arbeit in alltagsgewohnten Lebensräumen gewinnen.

Zu unterscheiden sind Betätigungsofferten, die mehr oder weniger 'durchlaufend', d.h. zumeist von Woche zu Woche wiederkehrend erfolgen, wie vor allem Sportstunden, und Angebote, die eher seltene Höhepunkterlebnisse der besonderen Art versprechen (Erlebnispädagogik, Urlaubstouren etc.). In beiden Fällen scheinen den PraktikerInnen die Prozesse, die 'nebenher' ablaufen, fast wichtiger zu sein:

»Wenn wir einmal wöchentlich zum Sport gehen, dann läuft da nicht nur Sport. Das ist auch die Gelegenheit zum Ausquatschen. Da werde ich als Zuhörerin gebraucht.«

Die gemeinsame Aktivität stellt sich dann als ein Vermittelndes, als Medium dar:

»Ich finde, wir sollten in die Gruppen immer wieder was reintragen. Ein Arbeiten mit einem zusätzlichen Medium, wo es also nicht nur um verbalen Austausch geht, empfinde ich als sehr positiv, weil es den Jugendlichen die Möglichkeit bietet, Nähe und Distanz selbst zu bestimmen: Ich kann mal was einschieben, kann mich aber auch wieder zurückziehen und hab dann noch was, auf das ich mich beziehen kann.« (vgl. auch das 'Bauwagen-Beispiel' im Abschnitt 1.3).

Dies bedeutet nicht, die konkrete Tätigkeit gering zu schätzen und ihren Inhalt als größtenteils zufällig zu betrachten. In dieser Hinsicht allerdings praktisch bedeutsamer als pädagogisch angezettelte politische Diskussionen, die ohnehin erst sinnvollerweise nach der Intensivierung der personalen Begegnung zwischen Jugendlichen und JugendarbeiterInnen stattfinden können, gelten MitarbeiterInnen Aktivitäten, die Jugendlichen Ressourcen- und Selbstwert-Zuwächse bescheren. Dazu zählt nicht zuletzt gewaltfreies körperliches Agieren, in dessen Rahmen Kompetenzen wie Geschicklichkeit und Durchsetzungsfähigkeit sowie Erfahrungen von sozialer Wertschätzung, Gemeinschaftlichkeit und von sinnlichem Körpererleben auf andere, für viele Jugendliche auch eher zum Teil ungewohnte Weise vermittelbar sind.

Erlebnispädagogische Elemente (Kanutouren, Kletterpartien, Segeltörns etc.) fließen dabei in nahezu allen Projekten ein. Gut geplant werden sie zumeist als kaum verzichtbar eingeschätzt, einerseits, weil sie gewaltfreien Konfliktumgang, solidarisches Verhalten, Naturerleben und das Bestehen von Grenzerlebnissen einzuüben vermögen, andererseits, weil sie Gelegenheiten zu intensiver Beziehungsarbeit bieten, innerhalb derer Kontakt und gegenseitiges Vertrauen wachsen können. Freilich wurde dabei vielfach auch die Erfahrung gemacht, daß - zumindest bei der ersten Aktion dieser Art - die aufgesuchten Orte nicht allzu weit außerhalb jenes Lebenskreises angesiedelt sein sollten, den die Jugendlichen als ihre Heimat erfahren. Exotisch anmutende Angebote steigern eher vorhandene Unsicherheitserfahrungen und empfundene Orientierungsverluste und können daher auch kontraproduktive Folgen im Sinne des Rückzugs in oder der Zuflucht zu bekannte(n) Gewißheiten, z.B. eines problematischen interkulturellen Umgangs - nunmehr auch in der Fremde - zeitigen.

Vorbehalte betreffen jedoch auch ein etwa an die Verkaufsformen der Unterhaltungsindustrie angelehntes 'Bombardement' der Jugendlichen mit Aktivitätenangeboten durch ihre JugendarbeiterInnen:

»Wir müssen auch aufpassen, daß die Jugendlichen uns nicht als ihre Dienstleister mißbrauchen, die ihnen ihre Aktivitäten und Highlights organisieren, wo sie ihre Sachen abrufen können: Busfahrten, Fußballturniere, Feten ...«

Dies gilt gerade auch deshalb, weil ein gewisser Attraktivitätssog von ihnen ausgeht. Denn es ist auch zu bedenken: Über Aktivitäten redet man noch nach Wochen, über die Highlights nach Jahren, aber das Wichtigere und Schwierigere, weniger Spektakuläre der Alltagsarbeit erinnert schon nach Tagen keiner mehr. Es wird von außen ähnlich wie repetitive, gleichwohl lebensnotwendige Hausarbeit vergleichsweise gering geschätzt.

1.6 Strategien politischer Einmischung

Die Probleme der Jugendlichen, insbesondere diejenigen, die sie der Erwachsenengesellschaft machen, sind die des Gemeinwesens und die des gesellschaftlichen Gefüges, in das sie eingebunden sind. Von dieser Prämisse gehen die Projekte in rechten Szenen aus. Denn sie haben längst erkannt, daß die Ursachen des auffälligen Verhaltens von Jugendlichen nicht primär individuell verankert sind oder ausschließlich in bestimmten psychischen

Dispositionen der einzelnen Personen wurzeln. Daraus folgt die Überlegung, das konkrete Lebensumfeld von Einzelnen bzw. Cliquen in die Arbeit einzubeziehen. Ohne Beschränkung darauf, in bloß interventionistischer Manier aufgetauchte Konfliktzonen zu entschärfen, die Konfliktgegner an einen Tisch zu bringen oder die (lokale) Öffentlichkeit über die jeweilige jugendarbeiterische Einrichtung bzw. Maßnahme zu informieren, besteht das weitergehendere Ziel darin, den im Gemeinwesen lebenden Erwachsenen ihre vielfach in Vergessenheit oder Verdrängung geratene Verantwortung für die Lebensbedingungen von Kindern und Jugendlichen vor Ort ins Bewußtsein zu rufen und sie in angemessene Verantwortungsstrukturen einzubinden. Dies kann beispielsweise dadurch geschehen, daß in der Aufbauphase eines Projekts ein freier Träger gebildet wird, in dem auch Einzelpersonen aus dem Stadtteil/dem Dorf bzw. bereits etablierte Vereine, Kirchen und Verbände miteinander kooperieren. Über eine derartige Trägerkonstruktion scheint im übrigen auch die Position der dort professionell beschäftigten JugendarbeiterInnen verbessert werden zu können, weil sie dann nicht mehr so rasch als Leute wahrgenommen werden, die 'von außen' kommen, vielleicht gar 'von einem Amt geschickt' werden.

Unabhängig aber von Trägerstrukturen kann ursachenbezogene Arbeit in alltagsgewohnten Lebensräumen Jugendlicher in jedem Fall nicht von Gemeinwesenarbeit absehen. Wenn z.B. Gewalthandeln von Jugendlichen u.a. auch mit ihrer eingeschränkten Verfügung über ausreichende Bewegungsfläche und deren zunehmender (Mono-)Funktionalisierung und dadurch nolens volens betriebenen Vertreibung von Jugendlichen zurecht in Verbindung gebracht wird, dann ist Einmischung in kommunale Infrastrukturgestaltung, etwa in solchen Gremien, die Bau- und Verkehrsplanungen vornehmen, gefordert, ja unverzichtbar.

Dies gilt in anderer, aber vergleichbarer Weise auch für anlaßzentrierte Jugendarbeit, wie ein Beispiel aus der sozialpädagogischen Arbeit mit Fußball-Fans jugendlichen Alters belegt:

»Wir haben versucht, mit den jugendlichen Fans zusammen so etwas wie eine Sozialräumlichkeit von Fan-Kurve zu produzieren, um ihren Ansprüchen und Wünschen gerecht zu werden, die Kurve als Erlebnisraum erfahren zu können. Wir sind mit ihnen den ganzen Weg gegangen: Zuerst Überlegungen angestellt, dann Planungen entworfen: Wie soll das aussehen? Und wir haben dann ein regelrechtes Modell gebaut. Wir sind mit dem Modell aus Holz in den Stadtteilbeirat gegangen, haben die verantwortlichen Senatoren mit dem Modell konfrontiert. Durch diese ganzen Prozesse sind die Jugendlichen selbst in die Lage versetzt gewesen, die Bedenken der Politiker auszuräumen und das so vernünftig, daß die eigentlich nur staunen konnten.«

Über derartige Versuche innerhalb des konkreten projektbezogenen Sozialraums hinaus wird als Gegenstrategie zu der vielfach in der sogenannten 'öffentlichen Meinung' betriebenen Skandalisierung Jugendlicher die Skandalisierung sozialer und politischer Mißstände als sinnvoll und verstärkt erforderlich erachtet; dies deshalb, weil diese Mißstände als gewaltauslösend und auffälligkeitsförderlich beurteilt werden.

In dieser Hinsicht besteht (nicht nur) nach Einschätzung von PraktikerInnen wachsender Entwicklungsbedarf an geeigneten Aktionen. Dazu gilt es auch, mehr politisch-pädagogische Experimentierfreude sowie ungebändigtere soziologische Phantasie walten zu lassen und teils bestehende Erstarrungen in Routinen und Haltungen vorauseilenden Gehorsams abzustreifen. Für zahlreiche PraktikerInnen als anregend erweisen sich dabei etwa auch Aktionen wie die von stern-tv im September 1992:

»Da fuhr stern-tv mit einem wohncontainerbeladenen LKW in Nobelvororte Hamburgs. Die Reporter stellten sich den dortigen Bewohnern an der Haustür als Mitarbeiter eines (fiktiven) 'Landesamtes für die Unterbringung von Asylbewerbern' vor. Sie kündigten an, die Container am Straßenrand vor den Villen abzustellen, um sie dann mit Asylbewerbern zu belegen. Es dauerte nicht lange, da hatten Eigenheimbesitzer ihren Mercedes aus der Garage geholt, um damit den Platz zu blockieren, der für den Container vorgesehen war. Kein Durchkommen mehr für die angeblichen Beamten des 'Landesamtes'!

Noch schärfer aber: Nach dem Zeigen des Films über diese Aktion fragte der Moderator der Magazin-Sendung seinen Studiogast, einen bundesweit bekannten Showmaster, vor laufenden Kameras, wie er sich denn in solch einem Fall verhalten würde; er habe ja auch eine riesige Villa. Nach einer deutlich spürbaren Verblüffungspause meinte der so Angesprochene: nein, vor oder gar in seinem Garten könne er sich die Aufstellung eines Wohncontainers für Asylbewerber nicht vorstellen, das sei ja auch schließlich eine menschenunwürdige Unterkunft. Aber es gäbe ja auch Asylbewerberfamilien, die wirklich Wohnungsnot hätten. Da sei sein Haus groß genug, einige vorübergehend aufzunehmen. - Na: Da müßten wir doch gleich aufhorchen, vor allem KollegInnen, die mit AsylbewerberInnen arbeiten. Nix wie hin mit dem Klientel, klingeln und um Einlaß und Einquartierung bitten unter Berufung auf dieses Angebot! Natürlich die Medien und Kameraleute dabei mitnehmen! Ich frage mich oft: Wieso fällt uns PädagogInnen sowas nicht ein, um deutlich zu machen, daß die Konflikte nicht nur am Rande der Gesellschaft vorhanden sind? Vielleicht auch, weil wir dann unsere eigene Toleranz und Hilfsbereitschaft ebenfalls prüfen müßten?"

Als Bedingungen für vergleichbare politische Einmischungen erscheint u.a. erforderlich,

- sie absolut gewaltlos zu halten, um nicht Gefahr zu laufen, damit kontraproduktiv zu wirken,

- sie in ihrer Öffentlichkeitswirksamkeit durch Einbezug medialer und

48

kultureller Praxisformen sozialer Arbeit zu steigern,
- sie nach Möglichkeit mit Bündnispartnern aus dem pädagogischen und politischen Raum gemeinsam durchzuführen,
- sie schnellmöglichst ohne langwierige Planungsprozesse umsetzen zu können, um auf aktuelle Vorkommnisse ad hoc reagieren zu können und
- dabei Aktionsorientierung verbalen oder schriftlichen Bekundungen zu bevorzugen.

Hilfreich ist es dabei, sich Solidarisierungen im Kollegenkreis sicher sein zu können. Auch in dieser Hinsicht wird das Fehlen eines einheitlichen, starken Berufsverbandes für Sozialarbeiter-/SozialpädagogInnen beklagt. Selbstredend bleiben politische Einmischungsstrategien auf Dauer erfolglos, wenn sie nicht auf die Veränderungsfähigkeit politischer Rahmenbedingungen des Aufwachsens Jugendlicher sowie der sozialen Arbeit und ihrer Bewertung selbst setzen können.

2. Zugänge zu Szenen und Szeneleben
»Ihr seid Linke, aber mit Euch kann man reden!«

2.1 Zugangsmöglichkeiten

In kaum einem Feld sozialer Arbeit gilt es als so schwierig, so brisant und riskant, überhaupt Zugang zur Adressatengruppe zu finden wie in der Arbeit mit Jugendszenen, die durch rechtsextremistische Orientierungen und hohe Gewaltbereitschaft auffallen. Deshalb lohnt sich ein differenzierterer Blick auf diejenigen Zugangswege, die bestehende Projekte in ihrer Anfangszeit beschritten haben. Danach lassen sich folgende Zugänge unterscheiden:

2.1.1. Aufsuchender Zugang

Am weitesten verbreitet sind sicherlich aufsuchende Zugänge. Sozialarbeiterinnen und Sozialarbeiter begeben sich dorthin, wo sich die Jugendlichen üblicherweise in ihrer Freizeit aufhalten. Dabei zeigen sich große Differenzierungen - und zwar je nachdem, wo dieses Aufsuchen stattfindet. Insbesondere drei Formen lassen sich dabei unterscheiden:
- aufsuchende Arbeit in alltagsgewohnten Lebensräumen,
- aufsuchende Arbeit in anlaß- oder actiondefinierten Lebensräumen,
- aufsuchende Arbeit in Freizeit- und Konsumeinrichtungen.
Als Treffpunkte in alltagsgewohnten Lebensräumen finden sich etwa eine Imbißbude, eine Bushaltestelle, eine Ecke im Park, eine Bank auf einem

Spielplatz, eine Telefonzelle, ein Stromkasten, ein Eckchen unter einer Brücke, ein überdachter Müllcontainerplatz einer Schule, eine Beton-Tischtennisplatte, ein Bunkereingang u.v.a.. Viele solcher Treffpunkte werden tagtäglich aufgesucht, nicht selten auch bei Regen und Kälte.

Als aufsuchende Arbeit in anlaß- oder actiondefinierten Lebensräumen ist bislang vor allem die Fußball-Fan-Arbeit bekannt geworden. In diese Räume streben Jugendliche nur zu bestimmten Anlässen, um dort besonders intensiv etwas zu erleben. Gerade die Fußball-Fans inszenieren dabei längst nicht nur in den Stadien, sondern weit mehr noch vor und nach den Spielen und auf den An- und Abreisewegen ihr eigenes Programm: Das Fußballspiel wird zur Folie, auf der die eigene Dramturgie inszeniert wird. Etliche Fußball-Fan-Projekte - und inzwischen auch einige andere Projekte mit rechten Jugendszenen - sind gar über die gemeinsame Begeisterung von Jugendlichen und Mitarbeitern für 'ihren Verein' entstanden.

Im Unterschied zu solch actionbezogener Arbeit, die ausdrücklich szenebezogen ist, besteht bei stadtteilbezogener Arbeit teilweise der Anspruch, eigentlich über eine Szene hinaus alle (jungen) Menschen im Wohngebiet anzusprechen. Nur gelingt das meist nicht, wenn sich erst einmal eine auffällige Szene in einer Einrichtung festgesetzt hat. Jugendeinrichtungen werden außerdem als spezifisch pädagogisch definierte Räume verstanden, während beispielsweise die Fan-Projekte ausdrücklich solch pädagogisch definierte Räume meiden. Der dritte Unterschied zwischen wohnumfeldbezogener und actionorientierter Arbeit scheint darin zu liegen, daß die Adressaten actionorientierter Arbeit durchweg massive Erfahrungen mit institutionellen Kontrollen, Observationen und Sanktionen haben. Für den Zugang zu solchen Jugendlichen bedeutet das:

»Das ist halt ein Actionfeld, in dem die Jugendlichen unter Dampf stehen, unter Handlungsdruck stehen. Das macht manchen Zugang schwer, manchen leichter, weil das in der Regel eine relativ geschlossene Situation ist - insbesondere bei Auslandsfahrten. Ich muß mich verhalten, ob ich was tue oder ob ich nicht was tue, ob ich dasitze oder ob ich selber aktiv werde. Ich verhalte mich in jedem Fall.«

Wieder andere spezifische Bedingungen aufsuchender Arbeit ergeben sich da, wo die Jugendlichen in Freizeit- und Konsumeinrichtungen aufgesucht werden, etwa in ihrer Stammkneipe, in Discos oder bei Konzerten. Immer aber geht es zunächst darum, überhaupt den ersten Kontakt aufzubauen. Dazu einige Schilderungen:

»Bei uns gibt es so eine bekannte Skinkneipe. Und irgendwann habe ich den Entschluß gefaßt, dort mal hinzugehen. Ja, da ging ich dann auf und ab vor der Kneipe und hab mich gefragt: 'Gehste jetzt rein oder nicht?' Ne ganze Zeit bin ich da hin- und hergelaufen, Na ja, dann hab ich schließlich meinen

ganzen Mut zusammengenommen und bin rein. (....) Ich war das erste Mal eigentlich nur zwei Stunden da: Dann hat's mir gereicht. Aber ich hatte jedenfalls den einen Satz gesagt, daß ich jetzt jede Woche komme. Und dabei fiel bei denen auch nicht gleich die Kinnlade runter. Jedenfalls bin ich dann jeden Mittwoch in diese Gaststätte gelatscht, auch immer noch mit Angst.«

»Die treffen sich immer an so'nem Stromkasten bei nem Imbiß. Und das erste Mal sind wir da hin und haben erst mal 'ne Pommes gegessen. Und dann immer zu denen rübergeguckt. Sonst war nichts. Und irgendwann waren die Pommes ja alle und dann sind wir gegangen. Und dann haben wir überlegt: Gehen wir jetzt direkt auf die zu, sprechen die direkt an oder was machen wir? Irgendwie war uns dabei ganz komisch. Und dann sind wir wieder hin: Noch 'ne Pommes! Überhaupt haben wir am Anfang ganz schön viel Pommes gegessen. Dabei mag ich eigentlich gar keine Pommes! Also, wir stehen wieder da, mümmeln so an der zweiten Portion, und da kommt einer auf 'm Rad vorbei, der vielleicht auch zu der Clique gehört. Jedenfalls kenn ich den und der grüßt auch freundlich zu uns rüber. Da haben wir uns dann ein Herz gefaßt und sind zu denen rüber und haben die angequatscht. War dann eigentlich auch ganz einfach. Jedenfalls einer hat dann auch gefragt, wer wir sind und was wir wollen.«

»Ich habe den Kontakt zu der Szene über meinen Kollegen bekommen, der da schon seit ungefähr einem Jahr arbeitet. Konkret habe ich meinen Zugang dadurch gefunden, daß ich mich einfach erst mal dazugestellt und Interesse und Neugierde gezeigt habe. Dazu kam, daß ich eine Frau bin, eine Frau in ihrem Alter. Für mich ist beides wichtig: Zuhören und weggehen. Aushalten können und wiederkommen.«

Immer wieder wird von Praktikerinnen und Praktikern herausgestrichen, wie wichtig es ist, von vornherein klar zu sagen, wer man ist und was man will. Anbiederungs- und Einschmeichelstrategien dagegen würden von den Jugendlichen sehr schnell durchschaut und mit massiver Ablehnung beantwortet. Darüberhinaus wird betont, sich erst mal ganz vorsichtig anzubieten, ohne sich aufzudrängen.

»Die treffen sich immer an so'ner Bank. Und ich komm da immer donnerstags um 7 Uhr hin. Und dann stell ich mich erst mal dazu, meist erst mal so mit einigem Abstand, so zwei, drei Meter. Und inzwischen kommt es dann auch häufiger vor, daß die mich mal was fragen oder irgendwelche Sprüche zu mir ablassen, die mich reizen oder austesten sollen. Und wo sie sich dann angucken und grinsen und den Mund zuhalten.«

2.1.2. Raumbietender Zugang

Etliche Projekte sind letztlich aus folgender Konstellation entstanden: Da gab es eine Clique oder Szene, die in ihrem Umfeld durch Aggressivität und

Gewalt, verbunden mit rechten Orientierungen, besonders auffällig war, und die sich seit langem - auf konventionellen wie unkonventionellen Wegen - bemüht hatte, irgendwo einen Raum zu finden, wo sie sich in Ruhe treffen konnte. Und irgendwann wurde entschieden, die Jugendlichen mit ihrem Wunsch nicht weiter abblitzen zu lassen, sondern auf sie zuzugehen.

Ihnen wurde schließlich das Angebot gemacht, irgendeinen Raum bekommen zu können, vorausgesetzt, sie arrangieren sich dabei mit entsprechenden BetreuerInnen - oder, wie Becker u.a. formulierten - mit RaumwärterInnen (vgl. Becker u.a. 1984, S.144ff.). Voraussetzung für das Gelingen solcher Zugänge über Raumangebote ist, ob den Jugendlichen in den neuen Räumlichkeiten gestattet wird, das zu leben und auszuleben, was in ihrer Clique oder Szene als normal oder gar als sinnstiftend oder identitätskennzeichend empfunden wird. Grenzziehungen, Normen und Regeln dort dürfen jedenfalls nicht so eng gefaßt sein, daß sie gängige, wesentliche oder gar zentrale Lebensäußerungen, Verhaltensstile, Symbole oder Rituale der jeweiligen Cliquen abschneiden oder ausgrenzen. Ist diese Voraussetzung prinzipiell gegeben, so wird durchweg von einer ungemein großen Bereitschaft der Jugendlichen berichtet, Verständigungen über Regelsysteme herzustellen. Da werden dann auch schon mal alle Waffen am Eingang eingesammelt, mit Namensetiketten versehen und im Panzerschrank verschlossen, schließlich beim Weggehen wieder ausgehändigt - einmal bis zu 70 Stück am Abend.

Die aktive handelnde Aneignung, Um- und Ausgestaltung solcher Räumlichkeiten schafft gleichzeitig intensive Bezüge zu den BetreuerInnen. Deren Handlungsrahmen wird in der Anfangszeit durchweg davon geprägt, den Aufbau des Treffs zu begleiten, seine Existenz nach außen hin abzusichern und im übrigen als AnsprechpartnerIn der Jugendlichen da zu sein, ohne sich einzumischen oder reinzudrängen. Denn den Jugendlichen ist zunächst ganz wichtig, endlich mal in Ruhe unter sich sein zu können, ohne daß sie das gleich mit Erdulden pädagogischer Einmischung bezahlen müßten.

Eine besondere Situation ergibt sich da, wo das Anbieten von Räumen nicht als freier Entschluß erfolgt, sondern wo rechte Jugendcliquen plötzlich einfach da sind und SozialarbeiterInnen mit der Frage konfrontieren:»Arbeiten wir jetzt mit denen oder versuchen wir, die rauszuschmeißen.« Solche Situationen sind gar nicht so selten, werden allerdings bislang meist mit Rausschmiß und Hausverboten 'gelöst'. Von solch einem Konflikt berichtet ein ostdeutscher Mitarbeiter:

»Also, wir hatten das Haus eröffnet. Und wir wollten für alle da sein. Aber eigentlich kam erst mal so gut wie niemand. Und dann waren wir völlig überrascht, als die Glatzen kamen. Wir standen dann vor der Alternative: Machen wir mit der Zielgruppe weiter? Dann ist das Objekt für den Stadtteil verloren. Denn dann kommt sonst keiner. Oder blocken wir das ab, schicken wir sie woanders hin, daß sie woanders rumlungern.

Wir haben uns dann entschieden weiterzumachen. Und dann begann diese Phase des Abtastens, was wir für Leute waren und was sie für Leute waren. Wir haben auch nicht viel gemacht als dazusein und haben zugehört und mußten auch immer wieder schlucken, was die alles erzählten. Und dann haben wir - nach dieser Abtastphase - gefragt, was sie denn machen wollen außer hier rumzustehen, Bier zu trinken und gemeinsam zu quatschen - und den Vorzug zu genießen, daß zwei Sozialarbeiter ständig da sind."

Raumbezogene Zugänge haben offensichtlich dann einen besonderen Charakter und eine besondere Brisanz, wenn die Jugendlichen sich aktiv Räume aneignen und sie MitarbeiterInnen mit solch selbstorganisierten Raumaneignungen konfrontieren: Da gibt es die rechte Clique, die eine konfessionelle Freizeiteinrichtung aufmischt. Die ältere Mitarbeiterin, die sich ihnen in den Weg stellt und dabei höchst unsanft zu Boden geht, bietet ihnen nach dem Vorfall an, zweimal wöchentlich in ihrer Anwesenheit die Einrichtung nutzen zu können. Oder da gibt es die Clique, die auf der vergeblichen Suche nach irgendeinem Musikübungsraum irgendwann einmal den unmittelbar neben 'ihrer' Jugendeinrichtung liegenden verbandlichen Jugendraum aufbricht und besetzt. Denn der stand seit 1 1/2 Jahren völlig leer. Den BetreuerInnen ihrer eigenen Einrichtung schreiben sie dann die Rolle zu, diesen illegalen Akt abzufedern und gleichzeitig ihren Versuch fast völliger Selbstorganisation in dem besetzten Raum zu begleiten. Und aus einer ostdeutschen Stadt wird berichtet, der Kontakt sei in dem Moment da gewesen, als die Jugendlichen bei der verzweifelten Raumsuche darauf gestoßen wurden, sich doch einmal umzusehen, wie andere damit umgingen, gerade auch verfeindete Szenen. Sie verstanden den Hinweis auf die Hausbesetzungen autonomer Gruppen in der Stadt. Ein paar Wochen später besetzen sie ein Haus und spannen die Mitarbeiterin als entscheidende Vertrauensperson dabei ein.

Nicht immer geht es allerdings primär um Räume im wörtlichen Sinne, sondern allgemein um die Suche nach einem Ort, an dem man so sein, sich so entwickeln und verändern kann, wie man selbst es will. Das zeigt sich etwa da, wo MitarbeiterInnen Anlaufadresse sind für Jugendliche, die aus der organisierten Neo-Nazi-Szene aussteigen wollen bzw. ausgestiegen sind und sich damit einem massiven Druck unterschiedlichster Seiten gegenübersehen: den möglichen Repressionen der alten Organisation und gleichzeitig der autonomen Szene gegenüber. In solchen Phasen der Umorientierung der Jugendlichen - oder auch der Krise in rechtsextremistischen Organisationen - sind Zugänge zu den Jugendlichen offenbar relativ einfach. Denn vielfach suchen Jugendliche, die sich aus dem organisierten Spektrum lösen, nach neuen sozialen Räumen und sozialen Bezügen. Gerade dort, wo sich gleich mehrere oder gar ganze Cliquen aus derartigen Zusammenhängen zu lösen suchen, läuft die Kontaktaufnahme nicht selten zunächst zu den MitarbeiterInnen in Projekten, die mit ähnlichen Cliquen arbeiten. Das trägt mit dazu bei, daß im Umfeld solcher Projekte mit der Zeit immer vielfältigere Bezüge und Zusammenhänge in die Szenen hinein wachsen.

2.1.3. Actionbezogene Begegnungen

In einzelnen Projekten stützen sich die Zugänge zu der Zielgruppe auf Kontakte, die längst bestanden, weil man bei unterschiedlichen Ereignissen immer wieder aufeinander getroffen war - teils sehr handfest und rabiat. Da waren etwa die erprobten Streetfighter der Autonomen und die kämpferischen Antifaschistischen, die irgendwann auf die Idee kamen, daß ihre bisherigen Aktivitäten gegen die 'Faschos' wirklich nicht weiterführten. Man versucht dann also, andere Umgangswege mit denjenigen zu finden, mit denen man sich bislang geprügelt hat. Ein Projekt hat seine entscheidende Wurzel in dieser autonomen Tradition, außerdem verschiedene MitarbeiterInnen mehrerer anderer Projekte.

»Naja, es hat sich in der rechten Szene ziemlich schnell herumgesprochen: Es gibt da ein paar Linke, mit denen kann man tatsächlich auch mal reden. Und dann hat's auch Hilfen gegeben, vor Gericht z.B.. Und das hat sich in der rechten Szene ziemlich schnell herumgesprochen.«

Eine andere Ebene actionbezogener Begegnungen hat seine Wurzeln in der gemeinsamen Fußballbegeisterung von Jugendlichen und einigen Sozialarbeitern. In mehreren Projekten, nicht nur bei den Fußball-Fan-Projekten, konnte in den Anfängen an die Kontakte und Begegnungen im Stadion und die gemeinsame Begeisterung für eine Mannschaft angeknüpft werden.

»Damals sind so einige aus der linken Szene zum Fußball gegangen, und aus der rechten auch. Da hat man sich denn immer über 50 Meter so ein bißchen beäugt. Man kannte sich also irgendwie.«

2.1.4. Zugänge über Institutionen

Immer wieder wird auch versucht, über Institutionen Zugänge zu rechten Cliquen und Szenen aufzubauen. Denn nicht selten werden SozialarbeiterInnen auf eine 'Problemgruppe' angesetzt, von der eigentlich niemand genau weiß, wer eigentlich dazugehört und wo sie sich gerade aufhält. Bekannt sind dann vielleicht nur wachsende Auffälligkeiten im Stadtteil, die von Jugendcliquen ausgehen.

Sozialarbeit steht dann vor der Aufgabe, im wahrsten Sinne des Wortes die Jugendlichen erst mal überhaupt zu finden, mit denen gearbeitet werden soll. Immer wieder laufen dann zunächst einmal Bemühungen, über Schule, Ämter, Jugendeinrichtungen und Vereine die Zielgruppe zu erreichen. Da werden Informations- und Kontaktaufnahmeveranstaltungen in Schulen versucht oder da werden Möglichkeiten der Kontaktvermittlung über Institutionen genutzt, über Jugendeinrichtungen, über das Jugendamt, über die Jugendgerichtshilfe oder auch über einzelne Polizisten. Letztlich scheitern aber diese Versuche fast immer, über Institutionen direkt Kontakt zur Zielgruppe zu finden. Eher indirekt lassen sich dadurch Zugänge erleichtern. Dafür steht als Beispiel der Versuch, ein geplantes Vorhaben zunächst in der Schule im Unterricht vorzustellen. Daraus ergaben sich dann zwar interessierte Gespräche auf dem Schulhof, aber letztlich keinerlei fortdauernde Kontaktaufnahmen. Erst das Aufsuchen eines regelmäßigen informellen Freizeittreffpunktes Jugendlicher gab die Chance dazu. In diesem Fall war das ein Parkplatz, auf dem sich - nach dem Erzählen zweier Mädchen während der Schulpause - regelmäßig abends gegen 19Uhr eine Clique von 15-20 Jugendlichen im Alter zwischen 12 und 18 Jahren traf:

»Die hatten sich dort eine Scaterbahn aufgebaut, die gerade aus versicherungstechnischen Gründen wieder geschlossen werden mußte. Und die bestürmten uns gleich und waren begeistert, weil jetzt endlich mal Leute da waren, die mit ihnen was machen. Es ging dann zunächst vornehmlich um Scaten und die Suche nach einem neuen Platz. Den fanden wir nach einiger Zeit auf einem ungenutzten Bolzplatz. wir haben dann auch einen Bauwagen besorgt und die Jugendlichen begannen, sich den als Treffpunkt zurechtzumachen. Das war dann so'ne Aktionsphase, in der nie die Frage aufkam: 'Was wollen wir denn eigentlich machen?' Es war ein Bedarf da: wir wollen 'nen Raum haben, wir wollen auch mal 'ne Zeit abhängen können, wir wollen eben 'ne Möglichkeit haben, wo wir uns aufhalten. Das haben wir ihnen halt geboten - In dieser Anfangszeit haben sie sich erst mal nicht als rechte oder als Skins gezeigt. Sie waren die Scater. Aber irgendwann wurden die Scateboards begraben. Die Sache war gelaufen. Dann haben sie auch ein anderes Gesicht gezeigt, nannten sich die Hools, nannten sich Gang. Zunehmend bekennen sie sich auch als Rechte.«

Als weit effektiver, als den Zugang über Institutionen zu suchen, hat sich erwiesen, sich selbst im Stadtteil erkundend umzuschauen, wo sich informelle Treffpunkte Jugendlicher befinden, um dort mit ihnen Kontakt aufzunehmen. Froh, endlich irgendwo Kontakt gefunden zu haben, liegt dann allerdings auch die Gefahr nahe, sich erst mal auf diese Jugendlichen zu stürzen. Der Rückblick auf längere Entwicklungen zeigt aber durchweg, daß es erst mal wichtiger ist, breitere Szenen und unterschiedliche Cliquen kennenzulernen, ehe sich mit einer Gruppierung ein intensiverer Arbeitszusammenhang entwickelt.

Größere Chancen, über Institutionen Zugänge zu entsprechenden Jugendlichen zu finden, bestehen am ehesten noch da, wo Jugendliche nicht frei sind in ihrer Entscheidung zur Kontaktaufnahme, sondern wo verschiedene Zwänge dahinterstehen. Hierzu zählen Instrumentarien der Jugendgerichtshilfe oder der Druck gerichtlicher Auflagen. So werden Jugendliche über gerichtliche Auflagen zur Beteiligung am Aufbau von Einrichtungen für die eigene Szene veranlaßt. Oder es wird versucht, über das Instrument der 'Übungs- und Erfahrungskurse' für straffällig gewordene Jugendliche Zugänge aufzubauen. Das Spektrum von Zugangswegen reicht bis zum Angebot von Freizeitaktivitäten im Knast.

2.1.5. Erforschender Zugang

Schließlich ist als weitere, in mehreren Projekten nicht unwichtige Variante der erforschende Zugang anzuführen. Dort, wo ein erforschender Zugang beschritten wird, geht es ursprünglich einmal (nur) um die Absicht, eine wissenschaftliche Arbeit über diese Szene zu schreiben und dazu Erkundungen mit Interviews, teilnehmenden Beobachtungen u.ä. durchzuführen. Um dafür aber überhaupt Akzeptanz zu finden, muß ein Kontakt zu den Jugendlichen aufgebaut werden, in dem die ForscherInnen in gewisser Weise auch als Personen greifbar wird. Genau das führt dazu, daß längerfristige Forschungsprozesse immer öfter fließende Übergänge zur Inanspruchnahme der ForscherInnen als begleitende, beratende und unterstützende Personen mit sich bringen: die ForscherInnen sehen sich immer mehr als SozialpädagogInnen in Anspruch genommen.

»Meine Forschungsabsicht war für mich der Rückhalt, um, alle Ängste überwindend, auf die zuzugehen. Und es war dann interessant zu erleben, daß die vielleicht mindestens ebensoviel Angst hatten, auf Erwachsene wie mich zuzugehen, wie ich Angst vor ihnen hatte. Ich war erst mal der Naivling, dem sie versuchten zu erklären, was sie eigentlich so ausmacht, was sie auszeichnet, was sie zu etwas Besonderem macht. Und ich konnte erst mal nur dasein, zuhören, lauschen, mir ihre Stories erzählen lassen. Ich brachte erst mal pure Neugierde mit und dachte nicht daran, ihnen meine Kompetenzen anbieten zu müssen. All das, was das klassische Repertoire von Sozialarbeit ausmacht, war also für mich erst mal ganz weit hinten.«
»Allein Interesse zu zeigen, ist ja für die Jugendlichen schon eine unheimliche Sensation«.

2.2 Zugangsschwellen

Nach der Darstellung unterschiedlicher Zugangmöglichkeiten zu Szenen und Szeneleben, wie sie in der Praxis vorzufinden sind, soll im folgenden der Blick gelenkt werden auf die Hauptschwierigkeiten, die bei solchen Zugangsprozessen auftreten:

2.2.1. Zugangsschwellen auf Seiten der Jugendlichen

Auffällige Jugendliche sind in aller Regel solche, die bislang sehr negative Erfahrungen mit all den Instanzen gemacht haben, die Sozialisation und gesellschaftliche Integration fördern und regeln sollen - seien es Familie, Schule, Sozialarbeit, Polizei, Justiz o.ä.. Folglich sind sie es gewohnt, sich deren Bemühungen zu widersetzen. Und sie haben zumeist längst ein ganzes Arsenal höchst differenzierter und effektiver Methoden zur Abwehr solcher Bemühungen entwickelt.

Entsprechend sind die Reaktionen der Jugendlichen bei ersten Kontaktaufnahmen. Es geht dort zunächst einmal um den Aufbau von Vertrauen zu Menschen, die ihre guten Gründe dafür haben, höchst mißtrauisch zu sein gegenüber allem, was nach staatlichen Institutionen und Ämtern riecht. Entsprechend wichtig ist es für den Kontaktaufbau, daß die Jugendlichen sofort erfahren, mit wem sie es zu tun haben und was man von und mit ihnen will. Sich anzubiedern oder gar so zu tun, als gehöre man zur Szene, führt sehr schnell in eine Sackgasse.

Wesentlicher Kernpunkt der anfänglichen Kennenlernphase ist fast durchweg eine - oft sehr belastende - Austestphase. In ihr versuchen die Jugendlichen, die SozialarbeiterInnen abzuschrecken oder dazu zu reizen, sich zu entlarven oder ihr wahres Gesicht zu zeigen. Für die Jugendlichen stehen dabei vor allem folgende drei Fragen im Mittelpunkt:

- Inwieweit sind die SozialarbeiterInnen bereit, sie zu akzeptieren mit allem, was ihnen wichtig ist, also mit ihren Ausdrucksformen und Ritualen, mit ihren Sprüchen und Provokationen, mit ihrer expressiven Aggressivität, ihrer Gewaltbereitschaft und Lust auf Körperlichkeit und Gewalt, ihrem Machogehabe, ihrem exzessiven Alkoholkonsum und nicht zuletzt mit ihren Deutungs- und Orientierungsmustern voll von Minderheitenfeindlichkeit und rechtsextremistischen Elementen.

- Inwieweit sind Kontaktangebote ernstgemeint oder nur ein Trick, um eine Ruhigstellung zu erreichen - oder, anders ausgedrückt: besteht überhaupt eine prinzipielle, eine ernstnehmende Kontaktbereitschaft, die auch ohne 'schnelle Erfolge' fortgesetzt wird?

- Inwieweit sind Angebote seitens der SozialarbeiterInnen nur neuerliche Varianten der altbekannten Versuche, sie pädagogisch 'einzukaufen' und 'einzusacken' - eine Frage, die sich vor allem da stellt, wo konkrete Angebote, z.B. Raumangebote, gemacht werden.

Wie sehr die Jugendlichen in der Rolle von SozialarbeiterInnen das Risiko angelegt sehen, ihre schwer erkämpfte Eigenständigkeit zu verlieren, macht wohl nichts so deutlich wie die Erfahrung in den Bremer Projekten, daß die Jugendlichen auch heute noch nach fast vier Jahren bei intensiven Einzelgesprächen

·

vehement darauf achten, daß sie selbst die Initiative dazu ergreifen - und sie selbst auch deren Ende setzen. Entsprechend können solche Gespräche nur höchst selten gezielt von den MitarbeiterInnen in Gang gesetzt werden, nämlich dann, wenn man sich z.B. erkundigt, was aus einer kürzlich besprochenen Angelegenheit geworden ist, insbesondere, wenn dazu entscheidungsrelevante Situationen anstanden, bei der Polizei, bei Gericht, beim Arbeitsamt, beim Jugendamt, Sozialamt, bei der Wohnungsbaugesellschaft oder beim Arzt etwa. Im Übrigen ist vor allem eine große Sensibilität dafür notwendig, teils beiläufige Signale von Jugendlichen zur Gesprächssuche wahrzunehmen und für entsprechende Gelegenheiten Raum und Luft zu lassen.

»Der wollte unbedingt immer wieder mit mir spielen. Und da hab ich gespürt, der will was.«

»Ich hatte einfach irgendwie das Gefühl, der M. will was. Und da hab ich zu C. gesagt: 'Könntest Du uns mal allein lassen, ich glaub, der M. wollte mir grad was erzählen.'«

2.2.2. Zugangsschwellen auf Seiten der SozialarbeiterInnen

Eine enorm große Zugangsschwelle für Sozialarbeiterinnen und Sozialarbeiter liegt darin, daß die Auffassungen und die gewaltbetonten Verhaltensweisen dieser Jugendlichen oft völlig konträr sind zu den in ihrer großen Mehrheit eher links-alternativ orientierten PädagogInnen. Nach deren politischen Auffassungen kristallisiert sich unter jenen Jugendlichen oft gerade dasjenige heraus, was es in dieser Gesellschaft besonders entschieden zu verurteilen und zu bekämpfen gelte. Die moralisch und/oder politisch begründete Entrüstung über Auffassungen und Taten solcher Jugendlicher läßt dann kaum Raum für Begegnung, sondern nur für Bekämpfung. »Mit solchen red ich doch erst gar nicht« oder: »Denen schenke ich keine einzige Minute meiner kostbaren Arbeitszeit« sind dann gängige Reaktionsmuster. Verstärkt werden solche Tendenzen durch gedankliche, teils auch organisatorische Verankerungen in den Zirkeln, Gedankengebäuden und Aktionskreisen des traditionellen, auf Ausgrenzung gerichteten Antifaschismus. So berichten etliche MitarbeiterInnen, daß sie sich selbst und anderen gegenüber immer wieder die Frage beantworten müssen, ob sie sich mit ihrer Bereitschaft zum Zugehen auf solche Jugendlichen nicht letztlich verharmlosend, ja begünstigend verhalten.

»Wir haben bei uns zwei Mitarbeiter, die aus der Punkerszene kommen. Und die gelten dort schon als halbe Faschos, wenn sie mit Faschos arbeiten.«

»Ehe ich die Arbeit anfing, kannte ich niemanden aus dieser Szene. Das waren für mich Nazis. Und damit war das Feindbild für mich klar. Aber dann wurden die Jungs mir auch irgendwie sympathisch. Aber ich habe

auch immer noch wieder an dem Punkt zu knapsen: Wo verläuft die Grenze?
Wo ist das politisch? Wo kann ich das mit mir vereinbaren? Denn als Men-
schen sind die mir fast alle sympathisch. Irgendwie sind die ganz einfach
alle nett! Diese Erfahrung war für mich erst mal ganz gut und ganz interes-
sant, festzustellen, daß das nicht so Monster sind.«

Während die Bedeutung dieser politisch orientierten Zugangsschwelle aber
in letzter Zeit offenbar abnimmt (trotz nach wie vor vorhandener Schwierigkeiten, SozialarbeiterInnen für solche Arbeit zu finden), sind andere, auf
Ängste gegründete Zugangsschwellen weiterhin ungeheuer groß:

»Also, ich muß sagen: jedesmal, wenn ich wußte, ich muß da wieder rein in
den Schuppen, wo die sich treffen, da wurd's mir ganz schön mulmig. Ich
hatte schlicht Schiß. Das ging so weit, daß ich Magenkrämpfe und Durchfall
hatte. Aber dann hab ich mich halt durchgebissen.«

»Das erste Mal, als ich zu denen hinging - oh Gott: Da standen die da, so
an die 70 - 80 Mann, gestiefelt und gespornt. Ich bin dann durch die durch,
hab erst mal drei-, viermal kräftig durchgeatmet. Dann hab ich gefragt, wer
denn hier das Sagen hat (....). Als ich dann mit denen sprach, drei große
Kerle, bewaffnet, vor mir, ich an die Wand gedrückt, hinter mir nur die
Heizung, da meinten die: 'Du bist hier Jugendamtsspion, kannst abziehen!'
Wirklich, ein ganz unbeschreibliches Gefühl! (....). Als ich dann aber 'ne
Woche später wiederkam, da kamen die schon auf mich zu: 'Hier, kannste
uns nicht Räume besorgen?'«

»Die Jugendlichen haben ja eigene Kommunikations- und Stilmuster. Da
gehören Sprüche, Witze und Gewaltgebärden, Rempeleien und so dazu. Und
auf die keine Antwort zu wissen, die sie verstehen, das war schon 'ne Angst:
Einfach nicht an die ranzukommen.«

»Ich find es auch ganz günstig, daß man als Mensch, der in dieser Szene
zunächst mal nichts verloren hat, der nicht darin aufgewachsen ist, da nicht
dazugehört, Ängste hat. Das führt auch eine Auseinandersetzung mit mir
selbst herbei. Es sensibilisiert dafür, an dem Feld nicht herumdoktern zu
wollen.«

Andere MitarbeiterInnen machen Ängste vorrangig an bestimmten Situationen oder auch Personen fest, sei es an einer sehr aggressiven und jähzor-
nigen Leitfigur, sei es am Hantieren mit Waffen oder sei es an der Befürchtung, bei Schlägereien »aus Versehen« oder »weil die anderen mich und
meine Rolle vielleicht nicht kennen«, was abzubekommen. Immer wieder
wird von PraktikerInnen betont, daß Ängste meist - trotz aller anfänglicher
Austesterei und Provokation - schon nach den ersten Begegnungen verschwunden waren - abgesehen von wirklichen Extrem-Situationen natürlich:

»Ich spürte sehr schnell: Die waren zwar etwas schräg gebürstet, aber sonst
doch ganz liebenswerte Menschen.«

»Auf mich wirken die erst mal ganz harmlos. Wobei sie das natürlich nicht sind.«
Um Ängste abbauen oder überwinden zu können, haben sich unter anderem folgende Aspekte und Bedingungen als hilfreich erwiesen:

a) Die Kooperation im Team
So, wie es die Arbeitsgemeinschaft der Landesjugendämter schon 1986 für die Mobile Jugendarbeit insgesamt herausgehoben hat (vgl. Bundesarbeitsgemeinschaft 1986), ist es in diesem Feld ungemein notwendig, daß nie jemand alleine arbeitet, sondern daß alle Aktivitäten immer von mindestens zweien getragen werden, die sich gegenseitig stützen, vorübergehend ersetzen, austauschen, beraten und auch kontrollieren können. Vor allem der Umgang mit Ängsten und die häufige und plötzliche Konfrontation mit höchst brisanten und riskanten Situationen verlangen die Kooperation. Tatsächlich aber gibt es einige Projekte, in denen nur eine Person alleine tätig ist, und eine ganze Reihe weiterer, wo es bei nur zwei Beschäftigten oder aufgrund von Teilzeitarbeit oder Honorartätigkeit oft unvermeidlich ist, daß jemand alleine arbeitet.

b) Die Kopplung des personalen Angebots mit anderen Angeboten
Da, wo SozialarbeiterInnen aufsuchende Arbeit beginnen, ohne den AdressatInnen mehr als nur sich selbst und die eigenen Kompetenzen bieten zu können, da ist die Überwindung von Unsicherheiten und Ängsten offensichtlich weit langwieriger und schwieriger als da, wo schon bei der ersten Kontaktaufnahme auf offensichtliche Interessen der Jugendlichen anbietend reagiert werden kann, sei es auf das Interesse an einem Raum, sei es die Organisation einer Fahrt zu einem Auswärtsspiel bei Fußballfans, sei es das Anbieten von Hallenzeiten für Sport, die Organisation eines Konzerts o.ä.

c) Ein inhaltliches Interesse an der Arbeit
Auch inhaltliches Interesse an der Arbeit kann Ängste reduzieren helfen:
»Es reizt mich einfach rauszukriegen, wieso die so denken, auch, was die mit ihrer Gewalt sagen wollen. Das ist ja 'ne fremde Welt für mich. Da ist auch der Reiz, die zu entdecken.«
»Faszinierend, diese Subkulturen. Mit den Punks habe ich selber abgehangen. Hier sind dann irgendwelche Skins. Wenn man das mal einfach ohne politischen Hintergrund sieht, dann ist das eigentlich erst mal 'ne gute Sache, so anti-bürgerlich. Insofern reizt es, überhaupt mal zu sehen: wie sind die drauf! Das ist ja nun wirklich ein expressiver Stil. Da hast du sofort irgendwelche Reaktionen, wenn du so auf die Straße gehst. Die lassen sich nicht verstecken mit ihrem Outfit.«
Andere berichten darüber, daß sie sich in der Vergangenheit auf verschiedenen Ebenen in der Bekämpfung von Rechtsextremismus und Gewalt bemüht hätten, teilweise auch in der autonomen Szene. Irgendwann habe man dann z.B. gemerkt, daß das wirklich nicht weiterführe, sich auf der Straße zu prügeln.

»Politisch war mir ganz klar: In diesen alten AntiFa-Bezügen kommste nicht weiter. Das muß man mal ganz anders versuchen.«

d) ein professionelles Selbstverständnis

Wer an sich die Erwartung stellt, durch seine Arbeit Rechtsextremismus und Gewalt in der jeweiligen Zielgruppe tatsächlich überwinden zu können, wird voraussichtlich an diesem Selbstanspruch genauso scheitern wie jemand, der den Anspruch stellt, den Jugendlichen insgesamt über ihre Schwierigkeiten in der Lebensbewältigung hinweg helfen zu können. Beides ist gleichermaßen eine Illusion, weil dabei darüber hinweggesehen wird, daß die dahinterstehenden Probleme gesellschaftlich produziert sind, daß also Rechtsextremismus und Gewalt genausowenig wie Marginalisierungsrisiken, Orientierungsunsicherheiten und relative Handlungsohnmacht mit sozialarbeiterischen Mitteln zu überwinden sind. Entsprechend ist die Effektivität der Arbeit nicht an kontrapunktartigen Zielen, sondern an Veränderungsprozessen zu messen, die im übrigen nie gradlinig und eindimensional, sondern zumeist sehr vielschichtig und vielfach miteinander verstrickt verlaufen. Die eigene Tätigkeit bedeutet dabei, sich für (arbeitszeit-)begrenzte Phasen und unter einem geregelten Bedingungsgeflecht auf diese Jugendlichen einzulassen und auch nur innerhalb dieser Rahmenbedingungen Verantwortung zu haben - nicht aber Verantwortung zu haben für all das, was diese Jugendlichen anstellen oder »vielleicht ja anstellen könnten, wenn ich nicht da bleibe«. Professionelle Verantwortung zu tragen, heißt gerade in diesem Feld auch immer: Das eigene Tun als sinnvoll und professionell begründet vertreten zu können, aber nie aus dem Auge zu verlieren, »daß es letztlich die Jugendlichen selbst sind, die für ihr Leben und für ihr Tun verantwortlich sind«.

2.2.3. Zugangsschwellen im Interaktionsprozeß

Zugangsschwellen lassen sich aber nicht nur einseitig bei den SozialarbeiterInnen bzw. den Jugendlichen festmachen. Viele sind auch ganz einfach dadurch bedingt, daß diese beiden Gruppen zumeist sehr unterschiedliche, ja teilweise konträre Interaktionsmuster benutzen. PädagogInnen sind es zumeist gewohnt, auf verbaler Ebene zu interagieren: Reden ist ihre Stärke! Die Jugendlichen dagegen sind eher gewohnt, körperlich expressiv und rituell miteinander zu agieren. Sprüche haben dabei eher soziale Signalfunktionen, als daß ihre inhaltliche Aussage vorrangig ist. Nun ist es eine allgemein übliche Erfahrung, daß Menschen gerade in Situationen, die sie nicht genau einschätzen können, eher auf das setzen, worin sie sich stark und sicher fühlen. Folglich ist das Aufeinanderprallen unterschiedlicher Interaktionsmuster gerade in der Anfangsphase oft besonders massiv und hart. Um sich selbst zu verdeutlichen, sich selbst auch im Anderssein zu demonstrieren und zu behaupten, rücken gerade in solch einer Phase nahezu zwangsläufig diejenigen Muster, Rituale und Ausdrucksformen in den Mittelpunkt, die den anderen im Kern erreichen sollen - was in der Regel aber heißt: bei ihm auf besonderes Unverständnis, besondere Ablehnung oder Abwehr stoßen.

Das ist jedenfalls die Reaktion, die diese Jugendlichen von ihrer Umwelt immer wieder erfahren haben, nicht zuletzt von PädagogInnen in Schule und Sozialarbeit. Man denke dabei nur an die gängigen Muster belehrender Bildungs- und Erziehungarbeit. Die Jugendlichen reagieren so rigide, weil sie wissen, daß hinter solchen Interaktionsbemühungen immer wieder ein Ziel steht:»Wir wollen nicht, daß ihr so seid, wie ihr sein wollt«.

Ihnen dagegen geht es oft um das genau Umgekehrte:»Wir wollen endlich mal in Ruhe so sein, wie wir sind«. Die Interaktionsziele sind daher sehr gegenläufig. Die PädagogInnen definieren den Sinn ihres Wirkens über aktives Handeln, über aktives Bearbeiten ihres 'Arbeitsgegenstandes'. Ihr Arbeitsgegenstand, die Jugendlichen, wollen aber gerade nicht bearbeitet, sondern ernstgenommen und 'in Ruhe gelassen' werden. Den Umgang mit diesem Interaktionsparadox brachte ein Mitarbeiter des Bremer Projektzusammenhangs treffend auf den Satz:»Anhören war für mich erst mal das Wichtigste.« (Heim u.a. 1991a) Denn, so ein anderer:

»Die Skins und jetzt auch die Hools sind unheimlich mitteilungsbedürftig. Sie haben geredet ohne Ende.«

Das Schwierigste nach Meinung vieler MitarbeiterInnen ist, einfach da zu sein, anwesend zu sein, ohne etwas zu tun. Dieses so einfach klingende 'Einfach-Da-Sein' ist aber für PädagogInnen oft ungeheuer schwer zu realisieren und innerlich durchzuhalten. Denn es läßt den Jugendlichen Raum zu kommen - oder auch nicht zu kommen. Es definiert die professionelle Rolle als offenes personales *Angebot* zum aktiven Handeln, nicht als Zwang zum aktiven Handeln und Intervenieren. Offen und sensibel Situationen und Prozesse wahrnehmen und an ihnen teilhaben, die Jugendlichen begleiten, selbst in ihrem 'Abhängen' und in ihrer Langeweile, ist etwas ganz anderes als mit eigenem aktiven Handeln das Geschehen mitzugestalten oder gar zu prägen und zu bestimmen. Viele neu beginnende MitarbeiterInnen - und noch weit mehr Außenstehende - sehen und verstehen aber die Rolle von Professionellen so, daß diese gerade bei so auffälligen Zielgruppen wie dieser immer aktiv sein, was machen müssen.

»Am Anfang hab ich immer gedacht: Da kann man doch nicht einfach dabeistehen! Da kann man doch nicht einfach zuhören! Da muß ich doch was tun! Ich hab doch schließlich einen Auftrag! Und ich bin doch verantwortlich, wenn was passiert! - So hab ich am Anfang gedacht. Und es war vielleicht für mich, der ich eigentlich immer aktiv bin, mit das schwerste, hier auch mal einfach da sein zu können - ohne gleich was tun zu müssen, ohne gleich immer in action zu sein.«

3. Lebensräume der Jugendlichen und Handlungsräume der Jugendarbeit. »Was sollen wir anders sein, wenn wir sowieso nirgendwo sein dürfen«

3.1 Raumaneignung und soziales Lernen

Konventionelles Grundmuster pädagogischen Handelns (sei es in der Schule, in der Jugendarbeit oder in verschiedensten Feldern der Sozialarbeit) ist es, Jugendliche aus ihren Lebensräumen heraus und in pädagogische Einrichtungen hineinzuholen, um dort mit ihnen 'richtig' arbeiten zu können. Aufsuchende Arbeit gilt denn auch bis heute vielen nur als eine Art Notbehelf denjenigen Zielgruppen gegenüber, bei denen genau das nicht - oder jedenfalls nicht ohne weiteres - gelingt. Nun sind rechte Jugendszenen zweifellos Gruppierungen, die in den bestehenden Einrichtungen häufig nicht geduldet ('nazifreie Zonen') oder von deren Angebot absolut nicht erreicht werden. Zugänge zu diesen Jugendszenen sind demnach - wie im vorigen Kapitel dargelegt - zumeist aufsuchende oder raumaneignende Zugänge. In unterschiedlicher, ja sehr vielfältiger Weise überlappen, überlagern sich gerade in diesem Feld von Jugendarbeit immer wieder deren Handlungsräume und die (Freizeit-)Lebensräume der Jugendlichen.

Diese Orientierung auf die Räume der Jugendlichen ist gerade deshalb bedeutsam, weil sich selbstorganisierte Zusammenschlüsse Jugendlicher in Cliquen, Szenen oder auch Banden durchweg sehr stark über Territorien, über ihre lokalen Treffpunkte, definieren: Da wird von der Jugendhaus-Clique gesprochen, von denen aus der Parksiedlung, von denen links oder rechts vom Bahndamm u.s.w. (vgl. Cohen 1979).

Räume bzw. Territorien haben gerade für Jugendliche aber nicht nur im ökologischen Sinne Bedeutung, sondern im übertragenen Sinne genauso als Spielräume. Indem sie sich Räume aneignen, geben sie ihnen ihren eigenen Sinn. Aus Erwachsenensicht heißt das in aller Regel: sie nutzen sie zweckentfremdend. Da wird dann etwa die Treppe vor der Musikhalle zur Aussichtsplattform, von der sich der gesamte Bahnhofsbereich im Auge behalten läßt, und gleichzeitig zum Podium der eigenen Selbstdarstellung und Selbstinszenierung in der Öffentlichkeit. Oder man denke nur an die Aneignung von Fußballstadien als Actionräume.

Zu unterscheiden ist also, ob Jugendliche sich auf der Straße befinden, weil sie keinen anderen Ort haben, wo sie sich aufhalten wollen, ob sie lediglich 'keinen Bock' auf die vorhandenen Einrichtungen haben - aus welchen Gründen auch immer -, oder ob es ihnen letztlich darum geht, in der Öffentlichkeit sein zu wollen, im öffentlichen Geschehen zu stehen. Andererseits ist der Alltag, den Jugendliche heute erleben, davon geprägt, daß er eigentlich kaum noch Raum, Platz läßt, wo Jugendliche sich problemlos, konfliktfrei treffen können, schon gar nicht, wo sie ihre Spielräume entfalten können. Jugendliche wachsen heute, zunehmend selbst in Kleinstädten und auf dem Land, vielfach unter lebensräumlichen Bedingungen auf, wo sie eigentlich in ihrer Freizeit überall stören - jedenfalls, sobald mehr als vier oder fünf von ihnen beisammen sind. Die in den letzten Jahrzehnten mit ungeheurem Tempo erfolgte Durchfunktionalisierung unserer Umwelt hat dafür gesorgt, daß Territorien heute fast durchweg immer nur noch einem, einem einzigen und ausschließlichen Zweck dienen sollen. Nur verschwindend wenige von diesen Flächen sind für Kinder und für Jugendliche reserviert. Und die sind dann oft völlig abstoßend oder längst von anderen besetzt.

»Uns fiel erst nach über einem Jahr auf, daß man in dem Neubaustadtteil, in dem wir arbeiten, unheimlich selten Kinder und Jugendliche sieht. Dabei wohnen da so viele. Aber offensichtlich haben sich ganz viele überall vertreiben und verscheuchen lassen, von den Straßen, aus den Einkaufszonen, aus dem Abstandsgrün vor den Wohnblocks, vor den Garagen oder selbst aus den Ecken mit den Müllcontainern (....). Der Stadtteil wirkt fast wie eine kinder- und jugendfreie Stadt. 'Unsere' Clique gehört zu den wenigen, die sich - allem Ärger zum Trotz - im Stadtteilbild behauptet hat. Sie stören zwar erst recht! Nur: man kriegt sie nicht weg! Sie haben es gelernt, sich nicht vertreiben zu lassen. Allerdings haben sie genau dabei auch vieles gelernt, was uns und andere heute erschrecken läßt.«

Angesichts dieser Lebensverhältnisse Jugendlicher ist es nicht nur eine zugangstaktische, sondern eine sehr prinzipielle Angelegenheit, sich in die Lebensräume der Jugendlichen zu begeben. Ziel kann dann nicht sein, sie dort rauszuholen, sondern muß es sein, sie bei der Aneignung, der Wiederaneignung und der handelnden Nutzung, Belebung ihrer Lebenswelt zu begleiten und zu unterstützen. Hier tätige JugendarbeiterInnen verstehen sich vielfach so, daß sie die Jugendlichen ein Stück weit in ihrem Alltag 'begleiten' wollen. Soweit in solchen Prozessen dann eigene Räumlichkeiten angeboten oder angeeignet werden, soll und kann das nicht dazu dienen, die Jugendlichen 'von der Straße zu holen'. Der Sinn und Zweck solcher Einrichtungen ist dann zunächst (nur), überhaupt von der Straße zu können(!), in Zeiten, wo man da eigentlich ja gar nicht sein will. Es geht überhaupt um die Möglichkeit(!), sich aus der permanenten öffentlichen Auseinandersetzung um die bloße Anwesenheit hier oder da oder dort zurückziehen zu können, um endlich einmal in Ruhe 'unter sich' sein zu können - ohne gleich zu stören und umgekehrt gewappnet sein zu müssen, den nächsten Vertreibungsversuch abzuwehren.

Jugendarbeit würde es sich allerdings andererseits auch zu einfach machen, lediglich die Raumbedürfnisse der Jugendlichen zu sehen und nicht auch zu berücksichtigen, was diese teilweise anderen Mitmenschen abverlangen. Hier sind SozialarbeiterInnen immer wieder als gemeinwesenorientierte 'KonfliktarbeiterInnen' gefragt, die dazu anregen, Arrangements zu treffen und Alltagskonflikte zu bewältigen, ohne zu harmonisieren. Denn es klafft eine immer größere Schere zwischen den kleinbürgerlichen Ruhebedürfnissen, nach denen maschineller Lärm (vom Auto bis zum Rasenmäher) immer selbstverständlicher geschluckt, menschlicher Lärm, zumal der von Kindern und Jugendlichen, aber immer mehr tabuisiert wird, und auf der anderen Seite dem Drang bei vielen Kindern und Jugendlichen, sich expressiv auszuleben. Das läßt Einverständnisse immer seltener zu. Gefragt ist vielmehr immer häufiger das sozialverträgliche Ausbalancieren von tiefgreifenden Unterschieden und Gegensätzen. Dabei hat Sozialarbeit entsprechende Impulse zu setzen. Nicht selten ist das Angebot anderer Räume dabei ein wesentliches Mittel. Durchweg wird allerdings von den PraktikerInnen betont, daß es nicht darum gehen könne, diese Jugendlichen in dem Sinne von der Straße zu holen, daß sie ganz von dort verschwinden:

»Wir lassen uns doch nicht zum Erfüllungsgehilfen von Ordnungspolitik machen! Auch wenn unser Auftrag so gesehen wird: Am besten ist, die sind alle weg, eingesperrt und weg. Das wird von uns verlangt, ist aber nicht unsere Zielrichtung. Ich denk, sie (die Jugendlichen) sollen schon noch in der Öffentlichkeit sein. Denn sonst vergißt man sie einfach!«

»Nee, Jugendliche von der Straße zu holen, das war seinerzeit eine der zentralen Aufgaben der FDJ-Häuser.«

Nicht von ungefähr ist in den letzten Jahren die Bedeutung sozialer Räume zu einem zentralen Thema in der Konzeptionsdiskussion der Jugendarbeit geworden (vgl. u.a. Böhnisch/Münchmeyer 1990). Im Umgang mit auffälligen Jugendszenen drängt sich diese Thematik besonders massiv auf, weil hier Wirkungen des Mangels an sozialen Räumen oft besonders offensichtlich werden. Denn wer z.B. dauernd damit rechnen muß, wieder einen Vertreibungsversuch von außen abwehren zu müssen, der kann schon als spielendes Kind nur holzschnittartige, schnelle und undifferenzierte Konfliktregelungsmuster untereinander entwickeln, weil für differenziertere ja vielleicht wieder einmal gar keine Zeit bleibt.

Viele Projekte haben die Erfahrung gemacht, wie immens die Sehnsucht entsprechender Cliquen ist, endlich irgendwo einen akzeptierten Treffpunkt zu haben, der dem permanenten Streß des alltäglichen Kampfes um Raum ein Ende setzt und der die endlose Kette von Sanktionsversuchen und Sanktionierungen gegen ihre alltäglichen Raumaneignungs- und Raumbehauptungsprozesse unterbricht (Krawall- und Randaleszenarien, Polizeieinsätze, Strafanzeigen u.ä.). Viele Kontakte zu solchen Szenen sind überhaupt erst über deren Raumbedürfnisse und Raumprobleme entstanden.

Andererseits allerdings - und das muß sich nicht widersprechen - haben die allermeisten dieser Cliquen und Szenen den massiven Wunsch, auch trotz bzw. mit eigenem Treffpunkt weiter in der Öffentlichkeit präsent zu sein. So wird von der oben erwähnten Szene, die sich vor einer Musikhalle trifft, weiter berichtet:

»Das Gefühl, Macht zu haben, wenn man da sitzt, wo man eigentlich nicht sitzen sollte, gehört dazu. Da machen die Leute einen großen Bogen um dich. Die haben offenbar Achtung vor dir. Du verbreitest Angst und Schrecken.«

Dasselbe Phänomen zeigt sich besonders kraß bei dem in einigen Städten als Jugendsport bekannt gewordenen sogenannten 'Bullen-Jogging': Wenige Jugendliche können viele Polizisten in Bewegung setzen. Sie spielen in gewisser Weise mit dem Apparat, der sie kontrolliert bzw. kontrollieren soll. Daß sie ihm Nadelstiche versetzen können, erfüllt sie womöglich mit Schadenfreude. Und der Apparat ist zu schwerfällig, um dem Katz-und-Maus-Spiel dauerhaft ein Ende zu bereiten. Es handelt sich dabei wohl um so etwas wie ein letztes Aufbäumen von Gegenwehr gegen eine Übermacht von Ordnungspolitik, die Lebensräume und Erlebnisräume Jugendlicher okkupiert.

Auch wenn die Jugendlichen also durch das Anbieten von Räumen als Treffpunkte zumeist nicht völlig von der Straße verschwinden, ist dessen Bedeutung kaum zu überschätzen. Denn da, wo Jugendlichen tatsächlich kurzfristig Treffpunkte angeboten werden, ohne daß sie 'als Vorableistung' all das hinter sich lassen sollen, was ihnen wichtig und sinnstiftend ist, da haben sich immer wieder in relativ kurzer Zeit tiefgreifende Wandlungsprozesse bei ihnen vollzogen: endlich fanden sie überhaupt mal Zeit, Ruhe und Raum, sich ihre Kommunikationsmuster, ihre sozialen Umgangsformen, ihre leitenden Handlungsmuster, ihren Umgang mit Konflikten, mit Aggressionen, mit Gewalt, mit Alkohol, mit außenstehenden Mitmenschen u.v.a. näher vor Augen zu führen und auf ihre Sinnhaftigkeit zu hinterfragen. Das passiert natürlich nicht sofort. Und das passiert auch nicht als gezielt angegangener Entwicklungsschritt. Das gleicht vielmehr oft einem schleichenden Prozeß im Alltag - ein Prozeß freilich, der meist schon sehr bald tiefgreifende und oft auch überraschende oder gar verblüffende Wirkungen zeigt.

Solche Veränderungsprozesse freilich sind nur in den seltensten Fällen durch direkte pädagogische Intervention entstanden. Entsprechende 'geradlinige' Erfolgsmuster werden am ehesten noch von MitarbeiterInnen aus Ostdeutschland berichtet. (Warum das so ist, diese Frage muß allerdings hier offen bleiben). Ansonsten sind Veränderungen dagegen fast durchweg dadurch entstanden, daß veränderte, daß neue Erfahrungen zu veränderten Überlegungen und Handlungsmustern drängen. Plötzlich hat man was zu verlieren, plötzlich hat man ganz neue Aufgaben und Verantwortungen, plötzlich ist man aber auch in neuer Weise akzeptiert, so von Nachbarn, von

Funktionsträgern u.a.. Zu diesen veränderten Erfahrungen gehört durchweg nicht zuletzt das Erleben von MitarbeiterInnen, die sie begleiten und unterstützen, und die dabei gleichzeitig in vielerlei Hinsicht ganz andere Lebensmuster (vor)leben.

Das Bemühen der Jugendlichen um Raum hat in etlichen Projekten am Anfang gestanden und zunächst eine ganz zentrale Rolle eingenommen. Interessant ist allerdings, daß der Erfolg im Bemühen um Raum fast nie auf Wegen erreicht wurde, die den gesellschaftlich vorgesehenen Spielregeln und Verfahren für Interessenvertretung und Interessendurchsetzunmg eigentlich entsprechen. Dabei sind etliche immer wieder bei Ämtern und Behörden vorstellig geworden, in einer Stadt gar persönlich beim Oberbürgermeister, haben sich an Vereine und Institutionen gewandt, dort immer wieder Anträge und Gesuche eingebracht u.ä.. Aber letztlich waren es immer zunehmende Auffälligkeiten, war es der 'Druck von der Straße', war es die Zunahme von Aggression und Gewalt, die diese Jugendlichen zum Erfolg brachte. Die schreckliche Erfahrung eines Mitarbeiters: »Unser Weg ist von Leichen gepflastert. Erst mußte einer sterben, ehe was passierte«, wurde während der Fachtagung allein in einer einzigen Arbeitsgruppe gleich aus drei Projekten bestätigt.

Die Erwartung, vielleicht auch einmal von 'denen da oben' ernstgenommen zu werden, scheint in der ostdeutschen Skinheadszene sogar noch geringer zu sein als im Westen:

»Die Skinheadszene hätte schon liebend gerne auch vorher ein Objekt gehabt. Die haben sich aber nicht getraut, irgendwo hinzugehen und das zu fordern. Denn sie betrachteten sich längst als Randgruppe, mit der keiner was zu tun haben wollte.«

3.2 Jugendarbeit in den Lebens- und Aktionsräumen Jugendlicher

Manche PraktikerInnen neigen dazu, zwischen stationärer und aufsuchender Arbeit mit rechten Jugendszenen zu unterscheiden. Diese Unterscheidung ist zwar insofern sinnvoll, als sie die besonderen Erschwernisse einer Arbeit bündelt, die - meist mangels verfügbarem Raumangebot - auschließlich(!) aufsuchende Arbeit ist. Problematisch ist diese Unterscheidung dagegen insofern, als sie sprachlich nahelegt, stationäre Arbeit habe keine relevanten aufsuchenden Anteile. Dies aber trifft für die allermeisten Projekte nicht zu. Lediglich von einem Projekt in Ostdeutschland wird ausdrücklich eine einrichtungszentrierte Zielsetzung betont:

»Wir bewegen uns im allgemeinen nicht aus dem Haus raus. Nach Möglichkeit nicht. Wir nutzen die Einrichtung. Da sollen sie sich dann einbringen. Da sollen sie ihre Gedanken spielen lassen. Wir versuchen eher, Aktivitäten der Jugendlichen mit ins Haus zu holen und dort zu organisieren, statt mit

ihnen rauszugehen. Denn warum sollen wir sie denn in finanzielle Nöte stoßen, wo wir auch hier was machen können. Oftmals ist das dann so gelaufen, daß die sagten: 'Gut, dann machen wir das auch hier.' (....). Auf der anderen Seite haben sie aber auch gesagt: 'Warum wollt ihr das denn? Ihr wollt uns doch nur von der Straße wegholen!' und dann hab ich gesagt: 'Ja, das seht ihr gar nicht falsch!' (....). Wir sind mit denen auch mal zu einem Fußballspiel gefahren. Sie haben ein Fahrzeug besorgt, sie haben die Fahrt selber bezahlt. Wir sind mitgefahren. Und dort haben sie Randale gemacht. - Und wir haben erlebt: Da haben wir keinen Einfluß drauf. Andererseits mußten wir das Haus zumachen, weil einer nicht alleine mitfahren konnte. Wir sind also zu zweit oder zu dritt gefahren. Und die Leute machten trotzdem Randale. Das bringt also nichts. Und dann hieß es noch: Die Sozialarbeiter fahren mit zum Prügeln und kriegen das noch bezahlt.«

Aus anderen Projekten wird dagegen betont, wie wichtig es ist, die Jugendlichen gemeinsam in deren Lebensräume zu begleiten, auch wenn sie dadurch noch nicht ihr Verhalten ändern. Schon 1982 schrieb Hellmut Lessing: »Orte der Jugendarbeit sind nicht irgendwo, sondern dort, wo sich der alltägliche Lebenszusammenhang der Jugendlichen entfaltet« (Lessing 1982, S.81). Gerade in der Arbeit mit besonders auffälligen Jugendszenen hat dieses Verständnis längst breite Zustimmung gefunden. Allerdings ist dabei auch akzeptierend hinzunehmen und subjektiv auszuhalten, daß die Jugendlichen darin ihre eigene Dramaturgie entfalten und daß in deren Erlebnis- und Actionwünschen Regelverletzungen oft unverzichtbare Bestandteile darstellen. Ein Mitarbeiter eines Fan-Projektes dazu:

»Wir haben auch eine Geschäftsstelle. Aber da setzen wir(!) ganz klar die Regeln. Da sagen wir: 'Die Jugendlichen sind da Gast bei uns'. Und umgekehrt machen wir's, wenn wir in die Kurve gehen oder die Fans bei Auswärtsfahrten begleiten. Da sind wir die Gäste. Da setzen die Jugendlichen die Regeln. Und wenn ich mit den Jugendlichen im Bus sitze und die meinen, die nächste Raststätte hopsgehen lassen zu müssen, dann müssen sie das tun. Dann sollen sie sich nachher zwar nicht beschweren, wenn 'se abgegriffen werden und nicht mehr zu ihrem Spiel kommen. - Wir haben das immer klar getrennt. Darauf führen wir übrigens auch zurück, daß wir nie Disziplinprobleme in unserer Geschäftsstelle hatten, trotz Feten und ähnlichem.«

Das weist auf ein zweites Moment hin, weshalb eine Unterscheidung zwischen stationärer und aufsuchender Arbeit zu kurz greift. Denn dieses Differenzierungsmuster unterschlägt, daß aufsuchende Arbeit substantiell verschieden ist, je nachdem, ob sie in alltagsgewohnten Lebensräumen, in spezifischen Freizeit- und Konsumeinrichtungen oder in actiondefinierten Lebensräumen stattfindet. Gerade der Vergleich zwischen stadtteil- oder quartierbezogener aufsuchender Arbeit und der Arbeit der Fußball-Fan-Projekte läßt den tiefgreifenden Unterschied sofort ins Auge springen.

»In actionorientierten Räumen wie der Fußballszene stellt sich nicht die Frage: 'Was mache ich mit so'ner Gruppe, die fünf oder sechs Tage in der Woche irgendwo an der Ecke rumhängt? Beschäftige ich die irgendwie oder was mach ich da?' Eine Fahrt zu einem Auswärtsspiel ist von Anfang bis Ende äußerst actionbesetzt - und das können schon mal 36 Stunden und mehr sein. Da stellt sich nicht die Frage: 'Wie begeister ich die da?' Oder: 'Welche Angebote mache ich da?' Die Angebote machen die sich schon selber!«

Das negative Erleben dagegen, das oben als Begründung für die stationäre Ausrichtung einer Einrichtung angeführt wurde, entspricht genau dem üblichen Erleben der Fanprojekte. Ihre Arbeit zeigt, daß es jedenfalls in ihrem Feld abwegig wäre, die Effektivität der Arbeit an der Verhinderung von Krawallen zu messen. Sie machen sich nicht zu eigen, wie z.B. nach den Mittsommerkrawallen während der Fußball-Europameisterschaft in Schweden etliche Presseorgane darüber lamentierten, wo denn da wohl die acht fanbegleitenden Sozialarbeiter aus Deutschland gewesen wären - während es andererseits als ganz normal hingenommen wurde, daß Zehntausende von Polizisten die Krawalle nicht hatten verhindern können. In diese Ordnungspolitik wollen sich gerade die Fußball-Fan-Projekte nicht einbinden lassen. Sie versuchen vielmehr immer wieder darauf zu verweisen, was die ökonomisch begründete Ordnungspolitik anrichtet:

»Es gibt Vertreibungsmechanismen über Ordnungspolitik. Da gibt es z.B. bei uns im Stadion die szenekundigen Beamten. Die haben keinen Polizeiauftrag in dem Sinne, daß sie Straftäter ermitteln sollen, sondern nur einen Beobachtungsauftrag. Aber die geben dann das auffällige Verhalten eines Jugendlichen an den im Einsatz befindlichen Kollegen weiter, der dann festnehmen kann. Dahinter steht: Es gibt eine Partnerschaft zwischen den Vereinen mit ihrem ökonomischen Interesse an einer Verwertung des Fußballsports und den Polizei- und Ordnungsstrategien. Und genau dazu dient eine bundesweite Hooligan-Kartei: Da werden zum Beispiel Jugendliche herausgepickt, die nur auffällig, aber deshalb noch längst nicht straffällig geworden sind. Und die kriegen dann tendenziell überall Stadionverbot. Und die treiben sich dann während der Spiele in den Straßen rund um die Stadien rum. - Es handelt sich dabei letztlich nur um eine Verlagerung der Probleme. Denn das Gewalttätigkeitsproblem bleibt. Und es ist ja auch nicht so, daß die Szene auf den Rängen beruhigt wäre, wenn die weg sind. Man kann nun einmal nicht - quasi wie mit einem Skalpell - jemanden aus einer gewachsenen Kultur herausschneiden und dann glauben, ohne den ist alles schön und ordentlich. Nur dann, wenn die miteinander umgehen müssen, ist so was wie Selbstregulierung und Selbstverantwortung möglich, können die auch voneinander lernen. Das kann nur passieren, wenn denn da auch noch Leute aus verschiedenen Bereichen sind. Wenn sie da nur noch alleine sind, ist 'Abdrehen' angesagt.«

4. Pädagogische Umgangsweisen mit auffälligem Verhalten »Belehren, das bringt's total nicht!«

4.1 Zum Umgang mit Gewalt

»Die hatten anfangs alle Waffen mit, Basies, Messer und Pistolen. Denn sie haben Angst davor, daß das jemand aus der linken Szene mitkriegt, oder der Zentralen Aufnahmestelle gegenüber, und daß da mal was passiert. So jedenfalls ihre Begründung für die Waffen. Die Mitarbeiter haben demgegenüber verlangt, daß im Haus keine Waffen getragen werden. Es gab dann Veranstaltungen, da waren 20, 30, 40 Waffen im Stahlschrank eingeschlossen. Ich hab da 'nen Zettel 'rangemacht: 'Denn das ist euer Eigentum. Das kriegt ihr wieder.' Und sie haben's abgegeben, ohne Probleme. Und mit der Zeit haben die dann auch weniger Waffen mitgebracht, es sei denn, es passierte mal wieder was. Einmal war z.B. ein Rockerüberfall angekündigt. Und an dem Abend waren alle bewaffnet, auch die Mädels. Das war allerdings der absolute Höhepunkt bislang. An dem Abend habe ich an die 70 Waffen weggeschlossen. Aber die Rocker kamen nicht. Und zum Feierabend haben alle wieder ihre Waffen abgeholt.«

Von Bedrohungssituationen, Gewaltpotentialen oder auch konkreten gewalthaltigen Vorkommnissen kann jede/r MitarbeiterIn von Projekten in rechten Szenen berichten. Einschlägige Phänomene gehören, wenn auch nicht unbedingt zum Alltag, so doch zu gelegentlich wiederkehrenden Erfahrungen. Aufgrund ihrer konkreten oder doch tagtäglich potentiellen Existenz prägen sie schon die Ebene der Wahrnehmung von Gewalt durch die in diesen Szenen tätigen SozialarbeiterInnen. Vornehmlich zwei Punkte werden in diesem Zusammenhang durchaus selbstkritisch erkannt. Ein erster Aspekt betrifft die Gefahr der Abstumpfung gegenüber der Brisanz von Folgen von Gewaltanwendung auf seiten ihrer Opfer:

»Am Anfang noch abgeschreckt und abgestoßen durch die Gewalt, ist es für mich inzwischen überhaupt kein Problem mehr, wenn die sich am Wochenende gegenseitig umhauen wollen. Es schockt mich auch nicht mehr, wenn die im Zug zu einem Bundesligaspiel total rumsyphen, Fahrgäste belästigen usw.. Es ist eher so, daß ich umgekehrt aggressiv werde, wenn ein Fahrgast voll die Show der Empörung abzieht, wenn sich da z.B. zwei neben ihm auf die Bank quetschen. Aber das zeigt auch, wie man gegenseitig im Team darauf achten muß, nicht ein Teil der Gruppe zu werden.«

Ein zweiter Gesichtspunkt betrifft die Konstruktion des eigenen (beruflichen) Selbstbildes und seine Präsentation nach außen:

»Es macht mir, ehrlich gesagt, auch Spaß, meine Umwelt zu schocken mit meinem Beruf: 'Whow, was machst Du da? Das könnte ich ja nicht!'«

Es scheint fast so, als bestünde die Gefahr, hier würden Verarbeitungsweisen reproduziert, die das eigene Klientel aufweist: das Sich-Brüsten mit der Nähe zu Schreckens- und Gewaltaktionen, mit Kampf-Geschichten und mit der Gewißheit, gefährliche Situationen aushalten zu können bzw. ihnen entronnen zu sein.

»Das erste halbe Jahr erregt und später langweilt man seinen Bekanntenkreis mit den Stories, die man in der Arbeit erlebt hat. Und dabei bringt man dasselbe rüber, was die Jugendlichen uns gegenüber rüberbringen, nämlich: 'Puh! Noch mal davongekommen!'«

Ein Mittel, solche Gefährdungen zu bearbeiten, könnte in Praxisberatung und Supervision erblickt werden.

So facettenreich die innerhalb der Praxis registrierten Gewaltphänomene auch sind und so gespreizt sich die Spannungsbreite darstellt zwischen subtilen Formen psychisch wirksamen Zwangs einerseits und brutaler physischer (Waffen-)Gewalt andererseits, einige charakteristische Merkmale sind gerade aktuell vorfindlich. Zu den auffälligsten und relevantesten zählen die folgenden fünf Beobachtungen:

Zum **ersten** zeichnet sich in den letzten Jahren eine qualitative Verschiebung des Gewalthandelns Jugendlicher ab, die mit Stichworten wie 'Verlust der Gewaltmoral' oder - vorsichtiger - mit 'Verlust der Selbstregulation von Gewaltanwendung' belegt wird. Die Schwelle zur Gewaltanwendung erniedrigt sich (auch) für Jugendliche zunehmend; die Reizbarkeit steigt an; das Gewalthandeln selbst wird 'härter'; Waffen kommen vermehrt zum Einsatz; überkommene Fairneßregeln werden allmählich geschliffen; die Tabuisierung von Gewaltanwendung gegenüber bestimmten potentiellen Zielgruppen wie Schwächere, Angehörige des weiblichen Geschlechts, Behinderte etc. entfaltet immer weniger Wirksamkeit; Unrechtsbewußtsein scheint auf dem Rückzug zu sein. Dies alles ist zu beobachten, wenn auch in Einzelfällen alte Ritualisierungen von Gewaltanlässen noch nach wie vor bestehen (»auf dem Schützenfest, samstags abends ab halb zehn muß sich gekloppt werden«) und Reste eines Moralkodexes erhalten sind (»Da sagt man, wenn man Mist gebaut hat: 'Hau mir eine rein! Ich hab's verdient. Ich war einfach zu blöd.'«).

Zum **zweiten** zeigt sich, daß die gewaltbereiten Gruppen immer jünger werden. Bereits in der Übergangsphase von der Kindheit zum Jugendstadium werden Gewaltandrohungen und -tätigkeiten zunehmend politisch aufgeladen. Fremdenfeindliche Ressentiments und Rechtfertigungen werden mit ihnen verbunden. Die subkulturellen Symboliken und Accessoires z.B. der Skinheads scheinen gerade auf die jüngeren Jugendlichen in wachsendem Maße Anziehungskraft auszuüben. Dabei reicht die betonte Aggressivität von verbalen Drohungen und sonstigen Parolen bis hin zu offener NS-Symbolik. Die jüngeren sind oft die Geschwister der älteren Projekt-Jugendlichen. Die Älteren suchen sich von ihnen abzusetzen, zum Teil indem sie die 'Lücke-Kinder' aus 'ihren' Projekten hinauszudrängen versuchen, zum Teil auch derart, daß sie die Gewalt-Randale der Jüngeren als blinden Aktionismus und kindische Selbstinszenierung brandmarken.

Zum **dritten** ist aus einigen Städten - eher Westdeutschlands - die Beobachtung einer Verlagerung von Außen-Aggressivität hin zu Auto-Aggression zu vermelden, vor allem in Richtung auf Drogen-Abhängigkeit. Neben dem schon immer hochgradig sozial akzeptierten, ja propagierten Alkoholkonsum sind Drogentypen auf dem Vormarsch, deren Nutzung man früher in rechten Szenen deutlich abgelehnt und als Zeichen von Asozialität gedeutet hat. Bei einigen Jugendlichen setzt sich der Eindruck fest:

»Ist schon komisch: Jetzt stehn wir selber an der Ecke bei den Junkies rum und gehören zu denen. Früher hätten wir denen was auf die Fresse gehauen.«

Zum **vierten** wird aus dem Osten Deutschlands eine deutliche politische Rechts-Links-Polarisierung der Jugendlichen berichtet. Der öffentlich geführte Diskurs über die nationale Frage und die Anwesenheit von Fremden (Asylbewerbern und auch ausländischen Lohnabhängigen) im Lande übt offensichtlich einen entsprechenden Zuordnungsdruck aus (vgl. dazu bestätigend: Förster u.a. 1992). Dies gilt verschärft für die Zeit der anhaltenden Gewaltexzesse nach dem Überfall in Hoyerswerda. Frontstellungen dieser Art treiben Konflikte auf die Spitze und erhöhen die Wahrscheinlichkeit, in ihrer gewaltsamen Lösung die ultima ratio zu erblicken und handfest zu suchen.

Zum **fünften**: Ob jünger oder älter, ob im Westen oder im Osten, eine Beobachtung ist durchgängig: Dominierend in den Gewaltbereichen sind die Jungen und jungen Männer. Dieser Befund ist nicht überraschend (vgl. z.B. Möller 1991a), aber er ist bislang in weiten Teilen ohne die für erforderlich erachteten Konsequenzen im Hinblick auf geschlechtsreflektierendes Arbeiten mit männlichen Zielgruppen geblieben. Gleichzeitig liegen jedoch Hinweise darauf vor, daß sich auch unter Mädchen Gewaltdistanz abbaut und die allgemein weniger gewaltbereiten Mädchen im Falle des Falles härter 'zur Sache' gehen als sie dies früher getan haben, also sich auch bei ihnen Gewalteskalationen zeigen.

In Spezifizierung und Ergänzung zu den grundlegenden theoretischen Erklärungen der neuen Gewalt gegen Fremde und des aktuellen Rechtsextremismus (vgl. dazu z.B.: Heitmeyer 1987; kürzer: Möller 1991b) verweist die Praxis-Erfahrung auf einen Punkt im Hintergrund des jugendlichen Lebenszusammenhangs, der sich als 'Gleichgültigkeits'-Erfahrung bezeichnen läßt. Er scheint auch gerade die Ursachen für die Entregelung der Gewalt-Moral ansprechen zu können.

»Ich finde, das ist doch auch 'ne ziemliche Gleichgültigkeit. Also wenn dem

das so scheißegal ist, ob er dann in den Knast geht oder nicht. Das ist 'ne Gleichgültigkeit sich selbst und dadurch dann natürlich auch anderen gegenüber. Ist doch klar! Das führt zu so 'ner allgemeinen Verrohung hin. Und: Das hat doch auch schon fast wieder was von Auto-Aggression.«

Wenn 'eh alles egal' ist, wird auch gleichgültig, was ich mir und dem anderen antue. - Dahinter steckt offenbar im Regelfall eine sich im Verlaufe der Sozialisation zum Jugendlichen stetig verstärkende Gleichgültigkeits-Erfahrung in Bezug auf die eigene Person. Gerade rechtsextrem orientierte Jugendliche geben häufig zu erkennen, daß sie sich im Grunde verlassen fühlen.»Um mich kümmert sich eh keiner«,»ob ich nun da bin oder nicht, wen schert's schon?«,»was ich mache, ist meinen Eltern sowieso egal. Daran haben die kein Interesse« - Äußerungen von Jugendlichen wie diese beinhalten gravierende Frustrationserlebnisse im zwischenmenschlichen Bereich, schwerpunktmäßig innerhalb von Primärgruppen wie Familien. Sie werden eher zugespitzt als gelindert dadurch, daß das erwartete Interesse an einem Punkt im allgemeinen allerdings noch aufgebracht wird: nämlich in Hinsicht auf die Schulleistungen. Wenn fast nur an dieser Stelle Eltern wie LehrerInnen Interesse an der Persönlichkeit des Jugendlichen bekunden, müssen Einbrüche im Leistungsbereich um so härter auf das Selbstwertgefühl und die Empfindung eines bedingungslosen Aufgehobenseins in vertrauensvollen und tragfähigen Beziehungsnetzen der nächsten Angehörigen durchschlagen. In diesen Zusammenhängen scheinen (Jugendlichen auferlegte) Instrumentalisierungserfahrungen auf, die sich auch in anderer, aber vergleichbarer Weise, nämlich bezüglich des Stellenwerts beruflicher Tätigkeit, als Anfälligkeitskonstellation für Wendungen nach rechtsaußen erweisen (vgl. Heitmeyer u.a. 1992).

Im Klartext und zusammenfassend: Wer mehr oder minder ständig den Eindruck gewinnen muß, selber für andere gleichgültig zu sein, eine vernachlässigenswerte Größe in dessen Lebenszusammenhang darzustellen, wird geneigt sein, dieses Grundmuster sozialer Beziehungen, das ihm vorgelebt und aufoktroyiert wird, in Unkenntnis andersartiger Zuwendungen auch auf das Verhältnis zu anderen Menschen zu übertragen. Warum sollte, wer sich selber gegenüber gleichgültig ist, anderen gegenüber Interesse und Respekt bezeugen? Umgekehrt dürfte gelten:

»Haßt du was, dann bist du was! - Auch wenn du sonst nichts hast.«

Besonders prekär dürfte die Lage werden, wenn sich Gleichgültigkeits-Erfahrungen in verschiedenen Lebensbereichen aufsummieren: wenn zur Vernachlässigung durch die Eltern zerrissene Verwandtschaftsnetze, LehrerInnen ausschließlich als anonyme Vermittlungsautomaten abstrakten Wissens, JugendarbeiterInnen mit Ausgrenzungsansinnen ('nazifreie Zone') und wenig verläßliche Cliquenstrukturen hinzutreten.

73

Erschwerend kommen aktuelle gesellschaftliche Rahmenbedingungen hinzu. Sie liegen beispielsweise darin, daß der immer weiter ausgreifende Konsummarkt stetig die Austauschbarkeit des konkreten Kunden vor Augen führt (vgl. dazu den Beitrag von Möller in diesem Band), daß die weitgehende Relativität des Mitteleinsatzes zu Erfolgszwecken gesamtgesellschaftlich in weiten Teilen propagiert wird (vgl. ebd.), daß die Medien für zahlreiche Zeitgenossen den Eindruck des 'anything goes' erzeugen und daß schließlich die Sphäre der etablierten Politik nahezu als eine autistische Gesellschaft wahrgenommen wird, die sich von der Lebenswirklichkeit der (jungen) Menschen längst entfernt und entfremdet hat (vgl. dazu den Befund der SHELL-Studie '92, wonach sich 80% der deutschen Jugendlichen in Ost und West von den Politikern und Politikerinnen 'sehr betrogen' fühlen).

Wo die Erfahrung von Gleichgültigkeit statt des Postulats der Gleichheit sozialisationsbestimmend wird, verlieren zwangsläufig moralische Kriterien wie Gerechtigkeit als universelles Prinzip an Orientierungswert. Recht als die 'erwartungsstabilisierende Ergänzung zur Moral' (Habermas) wird bewußtseinsmäßig ausgehöhlt. Insofern solche Deutungen und Erklärungsansätze auf tiefgreifende soziale Wandlungsprozese verweisen, kann sich die Frage des Umgangs mit Gewaltförmigkeit nicht auf die der Reaktion auf aktuelle Vorkommnisse zutage tretender Gewaltauffälligkeiten verengen. Zusätzlich sind Perspektiven des langfristigen Umgangs zu entwickeln, die in der Lage sind, Präventivwirkung zu entfalten.

Dennoch ist der unmittelbare Handlungsdruck bei Auftreten konkreter Gewaltanwendungen durch Jugendliche im Rahmen der sozialen Arbeit in rechten Szenen zunächst einmal ungleich größer. Patentrezepte für eine in jedem Fall angemessene Reaktion lassen sich nicht abgeben. Die Frage, ab wann ein Eingriff durch die SozialarbeiterInnen erforderlich ist und wie er aussehen sollte, stellt sich immer wieder neu. Auch wenn sie nicht einheitlich beantwortet wird, so wird doch in jedem Fall bloßes 'laissez faire' abgelehnt:

»Auf der einen Seite möchten wir natürlich auch, wie jeder Mensch, geliebt werden. Da steckt natürlich auch eine ganz große Gefahr drin. Ich denke da an Anna Freuds Beschreibungen der Identifikation mit dem Aggressor. Ab wann fordern wir eigentlich uns nur noch Anpassungsleistungen ab, um der Klientel auch zu gefallen. Inwieweit unterwerfe ich mich irgendwelchen Gruppenzwängen. Und wo mache ich auch klipp und klar deutlich: 'Da ist meine Grenze!' - Wir müssen selbstkritisch bleiben in dem, was Nähe und Distanz ist.«

Für die ganz überwiegende Mehrzahl dürfte gelten, was ein Kollege mit den Worten ausdrückt:

»Wir haben ja in unserer Gesellschaft das Ziel der Gewaltlosigkeit und das wollen wir ihnen auch vorleben.«

Eher Modifikationen dieser Grundposition als unbedingter Widerspruch beinhalten demgegenüber Überzeugungen wie:

»An Gewaltfreiheit glaub ich nicht. Ich will Gewalt nicht weghaben. Ich will nur, daß die Jugendlichen selber ihre Grenzen kennen.«

Sei nun absolute Gewaltfreiheit oder die Chance zur Selbstregulation von Gewalt eigene Lebensmaxime, in jedem Fall sieht man sich in einer Modellfunktion, die für die Jugendlichen erlebbar machen soll, daß Konflikte auch anders gelöst werden können, als sie es gewohnt sind.

Abgesehen davon dürfte eine Grenze von Gewalttoleranz für (nahezu) alle MitarbeiterInnen in der Jugendarbeit dort liegen, wo Personen in massiver Weise körperlich oder psychisch bedroht werden. Wie eine entsprechende Reaktion zu erfolgen hat, ob eigener körperlicher Einsatz erforderlich scheint oder fremde Hilfe zu rufen ist, ist situationsspezifisch unterschiedlich. Generell wird nicht abgelehnt, in besonderen Eskalationsfällen auch die Polizei zu holen, zumindest aber damit zu drohen. Letzteres setzt bisweilen bei den Jugendlichen Selbstregulationen von Gewalt in Gang:

»Bist du bescheuert? Die Bullen holen? Das regeln wir selber. Komm, ist jetzt auch genug«.

Nach wie vor empfiehlt sich, die unterschiedlichen Funktionen von Polizei und Sozialarbeit deutlich auseinanderzuhalten. Strafverfolgung und -aufklärung ist nicht Sache von Jugendarbeit. Andererseits kann sie nicht davon absehen, die Polizei als Ordnungskraft zu informieren, wo sie von beabsichtigten Straftaten hört. Denn dann geht es um Tatvereitelung, nicht um Tataufklärung.

Wenn Gleichgültigkeits-Erfahrungen tatsächlich Kernstücke der Gewaltaffinität bzw. der Motivbündel, die zu ihr führen, ausmachen, so sind pädagogische Grundlinien und Methoden, die gegenläufige Erfahrungen möglich werden lassen, entscheidende Hebel gewaltreduzierender Arbeit. Mindestens vier Bereiche der Arbeit stehen diesbezüglich im Vordergrund:

Zum **ersten** sieht sich Beziehungsarbeit in besonderer Weise herausgefordert. Wenigstens im Verhältnis von JugendarbeiterIn und KlientIn soll gelten: Wir nehmen uns gegenseitig ernst.

»Du bist wichtig für mich. Ich bezeuge dir Respekt. Das muß erst mal rüberkommen.«

Damit wird indes jenes Dilemma eingegangen, das im Abschnitt 'Beziehungsarbeit' (Kapitel II,1.4) erörtert wurde, daß ein professionell geprägtes Bezugssystem 'Liebe' nicht ersetzen kann und insofern auch das Risiko eingegangen wird, vor allem bei Wegfall der aufgebauten persönlichen Bindung (etwa aufgrund von Stellenwechsel) noch mehr Frustration und eine erneute Bestätigung von Gleichgültigkeits-Erfahrungen zu produzieren.

Daher ist zum **zweiten** das Erschließen von dauerhaften Sozialressourcen in den Alltagsbezügen der Klientel von besonderer Relevanz.

75

Zum **dritten** ist die Kompetenz zur Selbstorganisation des eigenen Lebens auch vermittels sozialisatorischer Unterstützung zu stärken. Denn wer Realitätskontrolle, Durchsetzungsvermögen und Selbstwert aus gewaltfreien Formen der Lebensbewältigung heraus zu erleben vermag, sieht sich weniger gezwungen, auf Gewalt-Optionen zu setzen. Dazu kann auch gehören, Gesprächsforen zwischen 'Linken' und 'Rechten' zu installieren. Dabei ist zum einen an Einzelveranstaltungen unter dem Motto 'Links und rechts diskutieren miteinander' zu denken, wie sie u.a. auch einige Fernsehsender versucht haben; zum anderen bieten sich 'Runde Tische' gegen Gewalt an, deren TeilnehmerInnen über einen längeren Zeitpunkt hinweg immer wieder zusammenkommen.

Während Letztgenanntes im allgemeinen als ein nicht zu überschätzender, aber im ganzen doch gangbarer Weg eines gewissen gewaltfreien Gedankenaustausches, Interessenausgleichs und Konfliktmanagements erscheint, werden mit dem zuerst erwähnten Veranstaltungstypus durchweg unterschiedliche Erfahrungen gemacht: zum Teil fühlt das rechte Klientel sich regelrecht vorgeführt, 'auf verlorenem Posten' und einmal mehr mit Etikettierungen und Stigmatisierungen überzogen; zum Teil wird das Gesprächsklima auch durch gegenseitige Drohungen aufgeladen. Immerhin scheinen solche Diskussionen bei Vorliegen bestimmter Bedingungen durchführbar. Zu ihnen gehören u.a., daß der angezielte Austausch auf 'neutralem' Boden stattfindet, also außerhalb des jeweiligen Szene-Treffs, daß ebenso neutrale ModeratorInnen vorhanden sind, daß man vorab einen 'Waffenstillstand' vereinbart und übereinkommt, Äußerungen während der Veranstaltung nicht zum Anlaß späterer Gewaltaktionen herzunehmen, und daß die die jeweiligen Seiten betreuenden SozialarbeiterInnen zugegen sind, um gegebenenfalls regulierend eingreifen zu können. Plattformen des Austausches dürften sich in jedem Fall um so tragfähiger erweisen, je dauerhaftere Konstruktion sie besitzen.

Zum **vierten** ist die politische Funktion sozialer und pädagogischer Arbeit angesprochen. Gewalt scheint vielfach als Medium der Überwindung von politischer Orientierungsverunsicherung und von Ohnmachtsgefühlen eingesetzt zu werden. Neue politische Teilhabemöglichkeiten zu erschließen, stellt sich damit als eine vorrangige Aufgabe dar. Eine realistische Perspektive wird dabei Revolutionsträume, wie man sie im Nachklapp der 68er-Bewegung auch in der Jugendarbeit in der ersten Hälfte der 70er Jahre hegte, als fehlgeschlagene und vielleicht auch nicht einmal wünschenswerte Illusion abhaken. Umgekehrt kann ein Verlegen auf eine Politik der kleinen Schritte und die Einbindung von Jugendlichen in vorhandene Strukturen politischer Beteiligung und Mitverantwortung sowie in die dort gültigen Verfahrensweisen und Techniken status quo transzendierende Utopien abblocken. Zwischen beiden Polen liegt die Entwicklung neuartiger Partizipationsmöglichkeiten für Jugendliche, eine Forderung, die immerhin im übrigen ja auch die Stellungnahme der Bundesregierung zum Achten Jugendbericht aufstellt. In einigen Städten sind diesbezüglich bedenkenswerte und teils auch ermutigende Erfahrungen mit der Einrichtung von Jugendgemeinderäten bzw. stadtteilbezogenen Jugendräten gemacht worden, an die anzuknüpfen lohnenswert erscheint.

Ein anderer Aspekt politischer Einmischung sucht nach geeigneten Antworten auf den Eindruck, daß angesichts tiefgreifender Enttäuschungserlebnisse und politischer Handlungsverluste auftretende politische Gewalt verstehbar sei, sie sich aber 'gegen die falschen Leute' richte. In der Tat wäre zu überlegen, wie die kalkulierten Regelverletzungen, die sich unter anderem in den Extremen des politischen Spektrums finden, so gewendet werden könnten, daß sie die Ursachen und gewaltfrei auch die Verursacher der sie auslösenden sozialen Misere treffen.

4.2 Zum Umgang mit provokativen Sprüchen, Witzeleien und Symbolen

Für Jugendliche aus rechten Szenen ist es typisch, immer wieder mit provokativen Sprüchen, Witzeleien und einschlägigen Symbolen auf sich aufmerksam zu machen. Das allerdings unterscheidet diese Szene erst mal kaum von anderen, jedenfalls von anderen sehr auffälligen Jugendszenen. Was einen Unterschied zu anderen Szenen darstellt, ist allerdings einmal, daß die in vielerlei Hinsicht bis heute unbewältigte Vergangenheit des Nationalsozialismus dazu beiträgt, daß Sprüche und Symbole aus der rechten Ecke besonders schnell extrem hohen Reiz- und Provokationswert erreichen und zum zweiten, daß in dieser Szene die Bereitschaft zumeist vergleichsweise gering ist, von signalsetzenden rituellen Sprachmustern zu kognitiven Erörterungsebenen überzugehen.

Provokative Sprüche, Witzeleien und Symbole zielen faktisch fast nie auf eine Interaktion, in der es um die Beschäftigung mit dem Inhalt der jeweiligen Aussage geht. Sie werden vornehmlich verwandt zur eigenen Selbstdarstellung und Selbstinszenierung, sie dienen der Selbstvergewisserung wie dem Ziel, überhaupt wahrgenommen zu werden oder gar im Mittelpunkt zu stehen. Sie zielen entsprechend auf Bestätigung, Akzeptanz und Anerkennung in der jeweiligen Clique. Oft setzen Jugendliche sich - im wörtlichen Sinne - mit Sprüchen u.ä. 'in Szene', um damit Impulse für action zu setzen. Die Reaktion auf solche Provokationen wird dann geradezu erwartet, sie erst soll solche action so richtig in Schwung zu bringen:

»Die kamen oft an und ließen erst mal 'nen dummen Spruch los, um zu sehen,

77

wie wir darauf reagieren. Und dann haben sich zwei, drei dazugesellt, die dann auch noch 'nen Spruch draufhatten. (....) Und wir haben am Anfang natürlich auch genauso reagiert, wie die's haben wollten: sind stinksauer geworden, fast ausgerastet, wären ihnen am liebsten an die Kehle gesprungen. - Klar, erst mal haben wir es oft auf der sachlichen Ebene versucht. Aber da lief überhaupt nichts! Da kam dann höchstens noch ein schärferer Spruch drauf und danach noch einer - und irgendwann hatten sie uns dann doch immer genau an dem Punkt, wo sie uns haben wollten. - Bis daß wir irgendwann gemerkt haben: 'Das bringt's total nicht! Das ist totaler Blödsinn!', z.B. gegen zwanzig Leute anzupowern, die um dich herumstehen und dir vielleicht erzählen: 'Wir brauchen 'nen neuen Hitler.'«

»Das ist so'n Gerangel am Anfang. Diese Spruchebene, die hat mir einfach Spaß gemacht. So, die geben 'nen Spruch vor und ich setz einen drauf. Und wenn ich gut gekontert hab, dann krieg ich ein Stück mehr Anerkennung. Und das hat mich gereizt.«

Andererseits sind Provokationen, ähnlich wie Gewalt, immer wieder ein wichtiges Mittel, um auch dort wahrgenommen und für wichtig genommen zu werden, wo man es eigentlich nicht - oder nicht mehr - erwartet. Sie zielen auf soziale Aufmerksamkeit, wo einem genau diese oft schmerzlich fehlt.

»Am Anfang hatten die immer so Klappmesser dabei. Und dann war da immer dieses Klick, Klack, Klick, Klack, besonders hinter unserm Rücken. Die wollten einfach Aufmerksamkeit. Wenn du dann sagtest: 'Komm, steck's weg!', dann war es auch erst mal gut. Aber kaum drehtest du dich um, ging's weiter: Klick, Klack, Klick, Klack. Das hat unheimlich genervt. Und das hat natürlich Angst gemacht - immer so'n offenes Messer im Rücken. Erst als ich das gesagt habe und gesagt habe: 'Ich mach das nicht mit, daß ich hier Angst kriege. Das muß ich mir nicht antun!' wurd's besser.«

Gerade in der Anfangszeit von Projekten bzw. in der Phase der Einarbeitung von Neueinstellungen spielen Provokationen eine große Rolle. Sie haben dann vor allem die Funktion des Austestens. Die Frage nach der eigenen 'adäquaten' Reaktion darauf stellt erst mal ein relativ großes Problem dar. Verbale Provokationen ziehen sich praktisch insgesamt durch das Alltagsgeschehen, während andere Formen von Provokationen und Austesten, wie Austesten mit Körperlichkeit, mit 'Schockern', mit Anmache, mit Ab- und Ausgrenzung, mit Symbolen und Ritualen u.a. immer wieder eher punktuell auftauchen. Gerade für die Austestphase ist dabei zu unterscheiden zwischen denjenigen Sprüchen und Witzen, die allgemein vom Inhalt her provokant sind, und denjenigen Sprüchen und Witzen, die gezielt auf die jeweilige Mitarbeiterin oder den jeweiligen Mitarbeiter gerichtet sind. Dazu zählen insbesondere sexistische Sprüche und sexistische Anmache Frauen gegenüber (vgl. dazu das folgende Kapitel 4.3).

»Es dauerte 1/4 Jahr lang, bis wir eigentlich die ersten näheren Gespräche hatten. Wir standen praktisch nur am Bierhahn, sie standen davor und es

wurden belanglose Sachen erzählt. Manchmal wurden wir getestet. Es wur-
de z.B. in unserem Beisein über Straftaten diskutiert und ausgetestet, wie
wir damit umgehen. - Und nach 1/4 Jahr wurde uns dann wörtlich gesagt:
'Also, mit Euch kann man was anfangen. Und Ihr hört uns wenigstens zu.'«
Diese Austestphase dient den Jugendlichen vornehmlich dazu, abzuklären,
ob bei den PädagogInnen die Bereitschaft vorhanden ist, sie erstzunehmen,
wie sie sind, und sie zu akzeptieren mit all dem, was ihnen wichtig ist. So
ein Austesten nimmt natürlich immer wieder besonders diejenigen Momente auf, bei denen am ehesten Grenzen vermutet werden. Und wo solche
Grenzen dann über Provokationen und Austesten 'entdeckt' werden, scheinen die Jugendlichen oft ein ungemein sensibles Gespür dafür zu haben,
warum diese Grenzen gesetzt werden, ob als 'Programm' oder als persönliche Grenze, ob aus einer PädagogInnen-Rolle oder aus eigenem persönli-
chem Empfinden hergeleitet. Soweit dann solche persönlichen(!) Grenzen
sichtbar werden, ist offenbar auch die Bereitschaft relativ groß, sich darüber
zu verständigen, während rollengeleitete Grenzziehungen nach dem Muster
'Das darf ich nicht zulassen!' nicht selten die Jugendlichen umgekehrt geradezu
dazu reizen, es auf Auseinandersetzungen um derartige Grenzziehungen anzu-
legen.

Provokative Sprüche und Witzeleien zielen aber nicht nur auf Provokationen und Austesten, sondern sollen ganz oft auch verletzen, diskriminieren,
brandmarken oder ausgrenzen. Insofern haben sie oft auch sehr viel mit
Gewalt zu tun, wenn auch erst mal nicht mit unmittelbarer physischer Gewalt. Solche verbal inszenierte Gewalt bezieht sich teils auf Anwesende,
z.B. auf der Straße Frauen oder AusländerInnen oder Behinderten gegenüber. Oder sie richtet sich eher pauschal gegen gesellschaftliche Gruppierungen, vor allem gegen Gruppen, die nach rechten Denkmustern als ungleichwertig gelten. Und als ungleichwertig gelten - wenn auch in sehr unterschiedlicher Weise - letztlich alle, die nicht zu den nichtbehinderten deutschen Jungen und Männern mit 'typisch' mitteleuropäischem Aussehen ge-
zählt werden.

Vor allem, wo auf diese Weise Gewalt angestachelt und ausgeübt werden soll,
sehen sich gerade in Anfangsphasen PädagogInnen immer wieder besonders
gedrängt, aktiv einzuschreiten. Das gilt ganz besonders, wenn sich solche At-
tacken auf konkrete anwesende Personen richten. Die Grenze zwischen 'bloße-
n' Provokationen, Ritualen und Selbsinszenierungen einerseits und folgenrei-
cher Gewalt andererseits ist dann nicht selten bis zur Unkenntlichkeit verwischt.
Entsprechend schwer läßt sich die Frage beantworten, wo es sinnvoll ist einzuschreiten und mit welchen Mitteln das erfolgen soll. Und gleichzeitig kommen
immer wieder Situationen vor, wo es ungemein wichtig ist, ganz schnell so eine
Frage ganz eindeutig zu beantworten. Die Bremer Projekte haben das für sich

mal so definiert: die Grenze ist da, wo wir den Eindruck(!) haben, hier wird jemand in erheblichem Maße konkret physisch oder psychisch bedroht. Und die Grenze ist da, wo ich etwas ganz einfach nicht mehr aushalte (vgl. Heim u.a. 1991b, S. 480).

»Da hat einer zu Anfang meiner Arbeit dreimal hintereinander 'Heil Hitler' gesagt. Da hab ich zuerst mal 'n bißchen geschluckt. Dann hab ich gesagt: 'Das ist nicht mein Ding, was du hier mit mir machst! Mit mir nicht!' Und das hat der anscheinend auch begriffen. (....) Man muß sagen: 'Also, mit solchen Sachen kann ich einfach nicht leben.'«

Dieser subjektgetragene Umgang stellt sich bei verschiedenen Personen natürlich oft sehr unterschiedlich dar. Für den einen macht es z.B. kein gravierendes Problem, die Reichskriegsflagge zu tolerieren, weil einem vielleicht der Symbolgehalt dieser Flagge relativ fremd und emotional fern ist. Der andere sieht sich widerwillig gezwungen, sie zu tolerieren, um nicht über einen Streit um die Flagge den frischen Kontakt zu den Jugendlichen zu gefährden oder aber den Symbolgehalt der Flagge auch noch aufzuwerten. Ein dritter sagt mit aller Entschiedenheit:

»Ich bin nicht bereit, unter solch einem Zeichen zu arbeiten. Ich kann das nicht und ich will das nicht. Tut mir leid! Aber das kann niemand von mir verlangen. Auch ihr nicht!«

Ein vierter berichtet, daß das Flaggensymbol inzwischen immer unwichtiger geworden ist und längst mit Sprühschriften überzogen und mit Plakaten und Aushängen teilweise verdeckt worden ist. Eine fünfte relativiert ihre erste spontane, politisch hergeleitete Reaktion, als ihr auffällt, daß die an der Wand hängende symbolische Aussage nicht die Reichskriegsflagge allein ist, sondern gerade die Kombination von Reichskriegsflagge und einer Bier-Reklame-Fahne.

Überhaupt wird von den MitarbeiterInnen in diesem Arbeitsfeld immer wieder herausgehoben, wie angebracht es ist, auf vieles erst mal möglichst gelassen zu reagieren:

»Als die Jugendlichen die weißen Wände in unseren neuen Räumlichkeiten sahen, haben sie gleich gesagt: 'Au ja, da kommt ein Keltenkreuz hin!' Wir haben dann gar nichts dazu gesagt. Und nach einer Weile war das überhaupt kein Thema mehr.«

»Da hat zu mir auch einer 'Heil Hitler' gesagt. Ich hab gar nicht drauf reagiert. Da sagt er: 'Das war Scheiße, ich weiß.'«

»Wir gingen so auf der Straße. Plötzlich macht da einer irgendeine Frau fürchterlich an. 'Du Votze und so!' Mir blieb glattweg die Spucke weg. Und dann sagt er zu mir: 'Ja, ich weiß, du findest das überhaupt nicht gut.'«

Gerade die letzten beiden Aussagen machen deutlich, daß das Ausbleiben erwarteter verurteilender Reaktionen nicht selten dazu führt, daß Jugendliche von sich aus die Fragwürdigkeit eigenen Verhaltens thematisieren, da der Inhalt der unverhofft ausgebliebenen Kritik den Jugendlichen natürlich zumeist überaus bekannt ist. Und in so einem Moment, wo die üblichen Muster der Kritikabwehr plötzlich nicht greifen, weil der Impuls dazu fehlt, wird es vielleicht sogar erleichtert, sich dieser längst bekannten Kritik gegenüber ein bißchen zu öffnen.

Andererseits besteht auch das Risiko, mit der Zeit gar nicht mehr so recht wahrzunehmen, was für Ungeheuerlichkeiten manchmal fast selbstverständlich abgelassen werden:

»Heil Hitler - in solchen Provokationen seh' ich heute nix mehr. Da liegt 'ne Gefahr drin abzustumpfen. Das seh ich auch.«

Wo es tatsächlich gelingt, mit den Jugendlichen über ihre Äußerungen näher ins Gespäch zu kommen, da passiert das durchweg erst zu einem Zeitpunkt, wo man sich bereits ein ganzes Stück weit vertraut geworden ist und darüber auch Interesse an dem anderen - und dabei nicht zuletzt an dem Anderssein und Andersdenken des anderen - gefunden hat. Solche Gespräche ergeben sich dann fast nur unter vier Augen. Allenfalls, wenn ein emotional intensives Erlebnis noch frisch ist, kommen Ansätze dazu auch mal zwischen mehreren untereinander zustande. Ein Beispiel dafür ist etwa die Situation, wo einige Jugendliche, die sich gerade in der Behinderteneinrichtung gegenüber was zu trinken geholt hatten, mit behindertenfeindlichen Sprüchen in den Jugendclub zurückkommen. Auf die interessierte Frage der Mitarbeiterin, was denn los sei, schildern sie, wie sie ein Mehrfachbehinderter ungemein bedrängt habe mit seiner Bitte um eine Zigarette. Der hatte sich ihnen - vor allem auch körperlich - im wahrsten Sinne des Wortes immer mehr aufgedrängt, hier und da und dort immer mehr an ihnen herumgezupft und herumgezerrt, um den Arm gefaßt und sich mit dem Gesicht ganz nah ihrem Gesicht genähert. Das hat sie unsicher gemacht und verstört reagieren lassen. - Nun, im Erzählen darüber kommen sie dann selbst darauf, daß es da ganz enge Zusammenhänge zwischen ihren Sprüchen und ihren Unsicherheiten gibt.

Besonders schwierig scheint anfangs vielfach auch der Umgang mit Witzen, besonders mit Ausländer- und Judenwitzen zu sein. In der Situation selbst solche Witze zu problematisieren, das wird allgemein sehr skeptisch eingeschätzt, da damit der Witzeerzähler in Gefahr stünde, sein Gesicht zu verlieren, wenn er sich auf eine kritische Infragestellung seines Witzes einließe.

»Da kann man in dem Moment vielleicht Betroffenheit äußern, vielleicht auch sagen: 'Das find ich Scheiße jetzt!' Aber dann ist es auch erst mal gut.«
»Wenn einer einen solchen Witz erzählt und alle anderen lachen, und ich dem dann ganz ernst in die Augen schaue und wirklich nicht lache, ohne eine Miene zu verziehen, dann macht den das unwahrscheinlich unsicher und verlegen. Die anderen lachen dann, aber derjenige kann sich dann an deren Lachen gar nicht

so sehr erfreuen, weil er dann meine Augen in seinem Gesicht hat.«
Als andere Reaktionsmöglichkeit steht ein gelungener Versuch, ein Witzthema ins Ernste umzubiegen. Verbreitet ist ja das Muster, daß Witze etwas ansonsten Tabuisiertes aufgreifen. Und dieses Tabuisierte wird hier ausdrücklich thematisiert:
»Da machte mal einer einen Witz über die Nachgeburt. Und damit wurde jemand runtergemacht. Und da habe ich gesagt: 'Ja, die Nachgeburt von meinem Sohn, die habe ich mit nach Hause genommen. die habe ich in meinem Garten eingegraben und 'n Bäumchen drauf gepflanzt.' Da guckten die alle. Das war für sie was völlig Fremdes. Und dann sprachen wir auf einmal über Nachgeburten und was sonst damit gemacht wird, daß davon Cremes hergestellt werden usw.. Da waren die plötzlich in einer ganz anderen Situation und sehr interessiert.«
In dieser Situation gibt der Mitarbeiter etwas von sich selbst preis, läßt sich als Person erkennen, die mehr ist als der bitter-böse Zensor oder der Miesmacher. Dazu kann auch gehören, eigene Erlebnisse, Sichtweisen, oder auch eigene Vorlieben für Witze und Humor einzubringen. Daß Pädagogen nicht nur zerknirscht, vom Weltschmerz gedrückt und zynisch hinter dem Schreibtisch hokken können, labernd und lamentierend, sondern auch lustig sein können und ihren Spaß haben wollen, ist vielleicht nicht die unwichtigste Erfahrung, die Jugendliche bei ihren 'Sozis' machen können.

4.3 Zum Umgang mit Minderheitenfeindlichkeit und Sexismus

Wie bereits angeführt, stehen bei den provokativen Sprüchen und Witzeleien inhaltliche Äußerungen von Minderheitenfeindlichkeit und Sexismus im Vordergrund. Daher empfiehlt es sich, im folgenden grundsätzlicher, und nicht nur im Zusammenhang mit provokativen Sprüchen und Witzeleien, auf pädagogische Umgangsweisen mit diesen beiden Bereichen einzugehen.
Gerade in der Phase der Kontaktaufnahme zu Beginn, aber auch im Verlaufe der weiteren Begegnungen zwischen Jugendlichen und SozialarbeiterInnen sind Sprüche, Witzeleien und andere Provokationen mit minderheitenfeindlichem oder sexistischem Inhalt Bestandteil der gängigen Artikulation jener Jugendlichen. Diese sind offensichtlich in erster Linie als Teil des Versuchs zu begreifen, Aufmerksamkeit auf sich zu lenken, Stärke zu demonstrieren und Grenzen auszutesten.
»Sexuelle Anzüglichkeiten sind Alltag. Ansonsten werden viele Nazisprüche provokativ in den Raum gestellt. Das war zumindest am Anfang so.«
Die Orientierung des Hasses auf Minderheiten und der Sexismus sind kein Zufall, enthalten doch gerade diese beiden Bereiche in ihren brüsken Zuspitzungen scharfkantige Tabubrüche einerseits und Momente des 'ganz normalen' Ausgrenzungsverhaltens einer auf 'Normalität' und männliche

82

Hegemonie geeichten Gesellschaft andererseits. Für Ausgrenzungen aus erlebten Konkurrenzbeziehungen sind sie deshalb scheinbar so tauglich, weil die ihnen zugrundeliegenden Kriterien wie Nation, Geschlecht, Hautfarbe, Zugehörigkeit zur 'normalen' Majorität aufgrund ihrer quasi- oder tatsächlichen biologischen Verankerung nicht oder kaum veränderbar erscheinen und sie sich insofern selbst nahezu immunisieren. Man(n) hat die vordergründige Gewißheit, immer 'auf der richtigen Seite' zu stehen, zumindest, solange die Ungleichheit und ein 'Recht' auf Ungleichbehandlung von Minderheiten institutionalisiert - etwa völkischer Nationalismus (z.B. als Staatsbürgerschaftsrecht) offiziell propagiert - werden kann und solange männliche Hegemonialstrukturen ihre Potenz entfalten können.

AusländerInnen bieten dabei in ihrer kulturellen Differenz zu den Einheimischen, aufgrund der vermeintlichen Konkurrenzsituation auf dem Arbeitsmarkt, ihrer Ghettoisierung und aus vielen anderen Gründen beinahe 'idealtypische' Voraussetzungen, sie als öffentliche Zielpunkte verbaler oder körperlicher Aggression zu nutzen. Medienberichte über kriminelle Delikte von Immigranten und Gangbildungen unter Ausländergruppen verstärken die Sichtweise, die Probleme im Land seien Folge zu vieler im Land lebender und nach Deutschland drängender AusländerInnen.

»In unserer Stadt gab es einen Vorfall, wo Jugendliche ein Asylbewerberheim angegriffen haben. Die Polizei wußte von den Planungen und war präsent. Das Asylbewerberheim liegt so, daß man es von allen vier Geländeseiten gut erreichen kann, nur eine Seite, die des Eingangs, ist sehr gut und hell beleuchtet. Da stand auch die Polizei und war gut sichtbar. Genau da haben die Jugendlichen dann angegriffen und sich mit der Polizei gejagt und geprügelt. Ich bin sicher, wenn sie wirklich in das Asylbewerberheim hätten reinwollen, dann hätten sie es auch ohne große Mühen, trotz der Polizeipräsenz, an einer anderen Stelle geschafft.«

Eine Feindbild-Verlagerung auf die Polizei - wie im letzten Zitat angedeutet - muß nicht unbedingt als mehr oder weniger bewußte Adressierung des eigenen Unbehagens an die Staatsorgane gedeutet werden. Sie kann auch einfach daher rühren, daß aufgrund deren erwarteter Gegenwehr Gewaltanwendung mehr 'fun' macht, den Risiko-Wert steigert und das Gefühl, den Mächtigen eins auswischen zu können, aufkommen läßt.

4.3.1 Minderheitenfeindlichkeit

»Der Schlips fordert Ausländerbegrenzung, der Stiefel löst sie ein. Das wiederum nimmt der Schlips zum Anlaß, sich gegen die Aktionen des Stiefels zu wehren, sich öffentlich zu distanzieren, das sei nicht seine Absicht gewesen und fordert umso eindringlicher Ausländerbegrenzung. Das ist nötig, damit der Stiefel nicht weiter tritt. Die Spirale geht immer weiter. Wenn es knallt,

haben die Politiker nichts eiligeres zu tun als die Asyldebatte noch zu verschärfen.«

Von Jugendlichen ins Feld geführte Motivationen zu Distanzierungshaltungen, zu Aggressionen oder gar zu Haß gegenüber AusländerInnen thematisieren nicht selten eben diese Argumentationskette, die hier in Anlehnung an Morshäuser besonders plastisch beschrieben wird (Morshäuser 1992,S.128f.). Sie formulieren daraus gleichsam ein Recht, eigenes Ausgegrenztsein sowie Gefühle der Benachteiligung in Konkurrenzsituationen durch Ausgrenzung des Konkurrenten aus dem Kreis der Anspruchsberechtigten zu beantworten. Oft beziehen sie sich dabei auf den Eindruck ungleicher Startchancen:

»Den Ausländern wird's gegeben, für uns gibt's nichts!«

Noch öfter aber werden unter Rekurs auf zum Teil institutionalisierte Nationalismen umgekehrt ungleiche Startchancen offensiv propagiert:

»Von wegen: die sollen gleiche Rechte haben wie wir selbst. Ist doch schließlich nicht denen ihr Land hier!«

Wie im einzelnen auch immer: Das Erleben des Alleingelassenseins in der eigenen Misere, verbunden mit der Wahrnehmung von scheinbar einseitigen Zuwendungen und Hilfen für AusländerInnen unterschiedlicher Statusgruppen läßt Neidgefühle entstehen, die sich zu Aversionen steigern können und dann zusätzlich mit Vorurteilen aufgeheizt werden.

Darin spiegeln sich angeeignete Aussagen aus Medienberichten sowie Sprüche und Gespräche aus dem sozialen Umfeld, aber auch allzuoft reale Lebenserfahrungen des Ausgegrenztseins in zentralen Lebensbereichen.

»Eine Freundin von mir sucht eine Wohnung, die muß unbedingt zuhause raus, da gibt es immer Zoff. Auf dem Wohnungsamt haben sie ihr gesagt, wir haben keine Wohnung für dich, erst müssen wir Asylbewerber unterbringen. Sie fragt sich, ob sie sich schämen muß, Deutsche zu sein.«

Im öffentlichen Klima werden Aversionen gegenüber dem Fremden, der/das Verunsicherung mit sich bringt und dessen Anwesenheit Instabilität und Routinenbruch weithin impliziert, kanalisiert und ausgerichtet speziell auf AusländerInnen. Dabei handelt es sich allerdings nur um eine Spielart allgemeinerer Fremdenfeindlichkeit. Denn längst trifft die grassierende Xenophobie auch andere 'Fremde' wie Homosexuelle, Behinderte u.a.m.. Die Fremdenfeindlichkeit erweist sich dabei - so paradox es klingt - oft auch als Bekanntenfeindlichkeit. Es sind nämlich nicht nur die unbekannten Ausländer, die es trifft. Auch deshalb erscheint es sinnvoll, noch allgemeiner von Minderheitenfeindlichkeit zu sprechen. Die Überfälle der vergangenen Monate auf Behinderte, Obdachlose, Schwule und andere Minoritäten legen diese Einschätzung nahe.

Die Öffentlichkeit verspricht sich von Projektarbeit mit rechten Jugendcliquen vor allem schnelle Abwehr der vielfach beschriebenen Gewalteskalationen. Dennoch scheint kurzfristig ihr Einfluß auf Fremdenfeindlichkeit und gangorientierte Gewaltauseinandersetzungen eher klein zu sein. Langfristig angelegte Vertrauens- und Beziehungsarbeit kann Ansatzpunkte für Veränderung von Verhaltensweisen bieten, die auch Einstellungen der Jugendlichen berühren. Kurzfristig scheint (allenfalls) möglich, durch die Form der Begleitung der Gruppen Einfluß zu nehmen, durch die Gewährung von Räumen und Auseinandersetzungsmöglichkeiten eskalierende Situationen zu verhindern oder in konkreten Situationen zumindest eine Warnung an potentielle Opfer von Aggressionen geben zu können.

JugendarbeiterInnen kennen die Schwierigkeit, Einstellungen von Jugendlichen, die sich zum Teil über Jahre herausgebildet haben, kurzfristig zu verändern. Angetreten mit dem Ziel einer Veränderung der Jugendlichen, betonen heute immer mehr ProjektkollegInnen, daß sie nicht davon ausgehen, minderheitenfeindliche Orientierungen bei den Jugendlichen tatsächlich auflösen zu können. Allenfalls könne dem Aggressionspotential eventuell die Spitze genommen werden. Denn mit pädagogischen Maßnahmen Lebenserfahrungen zu bearbeiten innerhalb von Lebensverhältnissen, die von ganz anderer Seite definiert werden, kann immer (nur) begleitende Funktion haben.

Entsprechende Reaktionsweisen müssen in erster Linie eine alltagsbezogene Veränderung durch die Vermittlung alternativer Lebenserfahrungen mit den Fremden und produktiver Konfliktregelungsmöglichkeiten implizieren. Wenn die Fremdheit ein auslösender Faktor ist, können Begegnungen, die Angst vor dem Fremden nehmen, positive Auswirkungen zeigen, Reflexionsflächen bieten und deeskalierend wirken. Daher scheinen Aktivitäten, die Begegnungen schaffen, die gemeinsame Erfahrungen und Erlebnisse fördern, und nicht z.B. nur den Austausch über Gedanken ermöglichen, angezeigt:

»Von Anfang an erschien es uns sehr brisant, daß sich unmittelbar gegenüber dem Jugendclub ein Wohnheim und eine Tagesstätte für Schwerstbehinderte aus der Langzeittherapie befindet. Tatsächlich haben sich aber anfängliche Konflikte immer mehr reduziert. Dabei kamen Zufälle zu Hilfe: Ein Jugendlicher hatte entdeckt, daß es in der Tagesstätte ein Café und dort billig Kaffee gab, außerdem ein sehr interessantes Geschicklichkeitsspiel. Das veranlaßte etliche Jugendliche, häufiger rüberzugehen - was wiederum etliche Gespräche über die Behinderten und den eigenen Umgang mit ihnen auslöste. Dabei wurde auch sehr offen über eigene Verhaltensunsicherheiten und Ängste Behinderten gegenüber gesprochen.«

Möglich und sinnvoll sind nicht nur Begegnungen mit dem Fremden allgemein, wie der alltägliche Umgang in Nachbarschaften und das Veranstalten von Fußballturnieren, Festen u.ä.. Eine weitere Möglichkeit bietet auch z.B. die Aufarbeitung von Gangkonflikten mit den beteiligten Gruppierungen. Zugleich muß die Schwierigkeit betont werden, schnelle Begegnungen zu schaffen, ohne Grundlagen dafür in der Arbeit angelegt zu haben. Insbesondere die Versuche, Jugendlichen in Einrichtungen Räumlichkeiten anzubieten, die auch für Gruppen von Jugendlichen zugänglich sind, die sich von jenen abgrenzen (wollen), ohne entsprechende konzeptionelle Grundlagen bieten zu können, werden als sehr problematisch empfunden.

»Wie konzeptionslos Politik ist und wie wenig Gedanken sich manche über diese Arbeit machen, kann man daran sehen, daß man dem Projekt Räume angeboten hat, wo oben drüber und unten drunter türkische Familien wohnen. Da sind dann einfach Konflikte vorprogrammiert.«

Eine pauschale Ausländerfreundlichkeit, die jedwedes Verhalten von AusländerInnen unreflektiert gutheißt, kann dabei nicht Ansatzpunkt sein. Nötig ist eine differenzierte Auseinandersetzung mit der Lebenssituation und mit Verhaltensweisen von AusländerInnen. Dies setzt voraus, daß sich MitarbeiterInnen immer mehr auch als konkrete Konfliktberater und Konfliktmanager verstehen. Kritikloses Verhalten gegenüber AusländerInnen, geboren aus der Angst, selbst als AusländerfeindIn zu gelten, wenn man (offen) ausspricht, daß es Mißbrauch, Kriminalität und in dieser Gesellschaft als kritisch zu beurteilende Verhaltensweisen auch von AusländerInnen gibt, ist letztlich kontraproduktiv. Das Verteilen pauschaler Persilscheine an ImmigrantInnen mag ein Grund mit dafür sein, daß Aggressionen gegenüber Fremden und AusländerInnen steigen und neben der verbalen Ablehnung die Bereitschaft zu handgreiflichen Aktionen und verbrecherischen Angriffen deutlich zunimmt.

Selbstverständlich kann auch eine Anbiederung an Positionen der rechten Jugendlichen keinen Hintergrund für eine echte Auseinandersetzung darstellen. Begibt man sich auf das Niveau der von den Jugendlichen verwendeten Argumentationsmuster, wird es schwierig sein, nachträglich eine klare Position der Differenzierung zu beziehen. Zu häufig werden Begegnungen Jugendlicher mit Sozialarbeit(erInnen) beschrieben als angefüllt mit nicht faßbaren, umständlichen 'Ja, aber'-Formulierungen, aus denen eine schlüssige Position nicht erkennbar wird. Jugendliche greifen dagegen in der Regel positiv auf, wenn sich MitarbeiterInnen mit ihrer Position zu erkennen geben. Überraschenderweise werden z.B. gerade diejenigen KollegInnen, die bekanntermaßen aus der Autonomen Szene kommen, von Jugendlichen als GesprächspartnerInnen relativ schnell akzeptiert - vor allem als Persönlichkeiten, mit denen man sich auseinandersetzen und an denen man sich reiben kann. Außerdem mag dabei eine Rolle spielen, daß die Autonome Szene teilweise als Mitstreiter gegen den Staat begriffen wird: Das sind zwar 'linke Zecken', aber man ist zumindest gemeinsam gegen diesen Staat.

Moralisierende Vorhaltungen dagegen wirken leicht kontraproduktiv und zerstören mühsam aufgebaute Vertrauensverhältnisse. Das Zuhören und die Bereitschaft zur Akzeptanz des Andersdenkens der Jugendlichen sind vielmehr wesentliche Ansatzpunkte für den Aufbau einer Beziehungsarbeit, die Auseinandersetzung über Einstellungen und Meinungen erst ermöglicht. Es geht zunächst und vor allem darum, daß sich in den *Personen* von JugendarbeiterIn und Jugendlichen sehr unterschiedliche, ja gegensätzliche Wertorientierungen, Deutungs- und Handlungsmuster begegnen. Nicht auf inhaltliche Auseinandersetzung, sondern auf personales Interesse aneinander kommt es primär an - zu dem dann irgendwann auch einmal Gespräche über kontroverse Auffassungen und Verhaltensweisen gehören, aber als Bestandteil, nicht als Voraussetzung oder Ausgangspunkt personaler Beziehungen (vgl. Krafeld 1992b).

4.3.2 Sexismus

Sexistische Haltungen unterscheiden sich formal von minderheitenfeindlichen Haltungen dadurch, daß ihre Zielgruppe eine zahlenmäßige Majorität darstellt. Sie treffen nicht nur Frauen, sondern auch Homosexuelle sowie die als unmännlich angesehenen Anteile des Verhaltens von heterosexuellen Geschlechtsgenossen. Daneben sind sie auch für die Abwehr von als feminin erachteten Bestandteilen der eigenen Persönlichkeit funtionalisierbar.

Daß Sexismus vielfach in Kombination mit Minderheitenfeindlichkeit auftritt, ist eine immer wieder auch durch die einschlägige (Vorurteils-)Forschung belegte Tatsache. Die Kongruenz dieser Denk- und Verhaltensweisen liegt u.a. darin, mit ihrer zweifelhaften Hilfe bestimmten Bevölkerungsgruppierungen pauschal Minderwertigkeit unterstellen, mindestens aber Ungleichbehandlungen auf ihrer Grundlage einfordern und Ausgrenzungen aktiv vollziehen zu können.

Bei sexistischen Positionsbestimmungen sind die Akteure gemeinhin männlich. Als alles andere denn als ein Zufall erscheint es deshalb, daß diese gerade auch im Umfeld des männlichkeitsdominierten Rechtsextremismus erfolgen. Als ideologische und verhaltensleitende Bestandteile des rechtsextremen Syndroms sind sie Ausfluß von Strukturen hegemonialer Männlichkeit, innerhalb derer Männer nicht nur Mädchen und Frauen, sondern auch eigene Geschlechtsgenossen unterwerfen und maskulinistische Vorherrschaft prolongieren (vgl. dazu Mäller 1991a).

Sexismus taucht in Projekten mit rechten Szenen vorrangig in dreierlei Gestalt auf: als Sexismus unter Jugendlichen, als Sexismus gegenüber MitarbeiterInnen (insbesondere Mitarbeiterinnen) und als Sexismus im Umgang miteinander im Kollegenkreis selbst.

Sprüche mit sexuellen Anspielungen gehören zum Ritual des Alltagsverhaltens männlicher Jugendlicher. Der Kontakt der Jungen untereinander ist vielfach von Rangelei, gegenseitigem Imponiergehabe und entsprechender Provokation geprägt. Sticheleien im Sinne eines 'Outings' von vorgeblichen Homosexuellen in der Gruppe sind an der Tagesordnung. Sie verweisen auf die Turbulenzen der Suche nach einer eigenen Geschlechtsidentität.

»'Verpiß dich, du schwule Sau!' Da denkt sich bei uns schon keiner mehr was. Eigentlich falsch, so abzustumpfen.«

Insbesondere aber sind Mädchen Zielpunkte entsprechender Angriffe und Verbalattacken:

»Die Jungs haben ziemlich frauen- und mädchenfeindliche Sprüche drauf und ein ziemlich verachtendes Frauen- und Mädchenbild. Die zwei, drei, vier Mädchen, die ab und zu auflaufen, müssen ganz schön dagegen halten - mit Sprüchen und auch körperlich.«

Ihre Skala reicht von frauenfeindlichen Witzen bis zu sexistischen Handgreiflichkeiten. Ihre Gewaltförmigkeit ist ein Kontinuum von Abwertung, Benachteiligung, Unterdrückung und physischer Aggression. Ein im Interesse des Kontaktaufbaus andauerndes Ignorieren derartiger Hierarchieverhältnisse kann nich im Interesse sozialer Arbeit liegen. Daher sind zum einen mädchenspezifische Ansätze auch in diesem Arbeitsfeld zu entwickeln. Dabei sind freilich wohl mehr als bei Bezug auf andere Zielgruppen Vorbehalte gegenüber feministischen Ausgangspunkten zu überwinden und stellt sich das Problem des Ausgehens von Bedürfnis- und Entwicklungsstand der Klientinnen zumeist in besonderer Weise.

Zum anderen sind nirgendwo mehr als mit 'rechten' Zielgruppen Ansätze geschlechtsreflektierender Arbeit auch gerade mit Jungen gefordert. Der Abbau von Rechtsextremismus und Sexismus läßt sich nicht ohne den Abbau männlicher Hegemonie bewerkstelligen. Gleichzeitig aber gilt: So wie man dem Problem des jugendlichen Rechtsextremismus nicht durch eine Arbeit **gegen** rechtextrem orientierte Jugendliche beikommt, so läßt sich ein Einschreiten gegen maskuline Gewalt langfristig nicht auf Aktivitäten **gegen** Jungen und Männer reduzieren. Bloßer **Anti-**Sexismus erscheint von daher nicht als eine ausreichende konzeptionelle Perspektive. Demgegenüber muß eine Frage jugendpädagogisch im Vordergrund stehen. Sie heißt: Wenn wir traditionelle Männlichkeitskultur über Bord werfen, was können wir dabei gewinnen? Wo eröffnen sich neue soziale Chancen für Jungen und Männer außerhalb überkommener Rollensätze?

Ist der Kontaktaufnahme- und Interaktionsprozeß gegenüber männlichen Projektmitarbeitern zunächst von körperorientierter 'Anmache' und 'Annäherung', Stärke-Ritualen, körperlichen Provokationen und Einschüchterungen, Rangeleien, Saufritualen u.ä. geprägt, so erscheinen verbale sexuelle

Provokationen gegenüber Mitarbeiterinnen eine vergleichbare Funktion zu erfüllen. Körperliche Provokationen gegenüber Projektmitarbeitern wie verbale sexuelle Äußerungen fungieren dazu auszuloten, wie weit KollegInnen 'Spaß verstehen', Unkonventionelles mitmachen und welche Reaktionen überhaupt verbale und körperliche 'Anmache' auslösen.

»Die üblichen Tests in der Anfangsphase waren bei mir immer so Anspielungen auf Sexualität und so: 'Ja komm, wir machen's gleich noch!' Dann meinen'se auch manchmal, sie müßten mir ihren Schwanz zeigen oder ich weiß nicht was. Sie treibens's halt manchmal auf die Spitze. Das ist dann so der Test: Ist das so'ne zimperliche Zicke, so'ne Emanze vielleicht auch. Also, sie müssen mich irgendwo einordnen, und das fällt ihnen manchmal schwer.«

Übereinstimmend vermelden Erfahrungsberichte, daß sich Provokationen gegenüber Mitarbeiterinnen nicht oder sehr selten in den Bereich körperlicher Gewalt verlagern. Projektkolleginnen werden im allgemeinen nicht körperlich angegriffen. Das Spektrum möglicher Reaktionen der Mitarbeiterinnen auf sexuelle Provokationen und frauenfeindliche Äußerungen schließt allerdings in letzter Konsequenz für einzelne auch die Androhung (körperlicher) Gewalt ein, um aufzuzeigen, daß definierte Grenzen nicht überschritten werden dürfen.

»Eigentlich wende ich keine Gewalt an. Wenn das allerdings sexuelle Anmache ist, dann drohe ich das auch an. Dann sage ich auch: «Halt die Klappe!" und dann weiß ich auch, dann kriegen die mal 'nen Tritt in die Eier, wenn sie zu weit gehen. Das war bisher in einem Fall mal nötig. Und seitdem ist es auch gut. Denn das war so ein Antesten von einer Grenze. - Und ansonsten habe ich auf der körperlichen Ebene die Akzeptanz nicht. Die würden sich nicht mit mir prügeln. Das ist ja überhaupt kein Reiz für die. Aber von meinen Kollegen wissen die Jugendlichen auch, die würden das auch tun."

Eine besondere Problemstellung ist die Betrachtung weiblicher Mitarbeiter als potentielle Freundin: aus der Projektarbeit wird häufig über offensichtlich in Projektmitarbeiterinnen verliebte Jungen berichtet.

»Bei den Älteren kommt man als 'potentielle Freundin' in Frage. Und dann wird man zum Teil auf dieser Ebene angesprochen. Bei den Jüngeren ist das schon anders. Da ist der Altersunterschied schon sehr groß. Aber man hat auch nicht eine Mutterfunktion. Also, solch eine Frau wie mich können sie gar nicht einordnen.«

Dieses hat durchweg eine sehr ungleiche Wertschätzung und Behandlung der Cliquenmädchen und der Mitarbeiterinnen durch die Jungen zur Folge. Darauf reagieren die in den Gruppen anwesenden Mädchen vielfach mit eifersüchtigen Verhaltensweisen.

»Wir haben in der Anfangszeit bald eine ziemliche Krise erlebt, weil die Mädchen eifersüchtig auf uns reagierten, weil der Umgang der Jungen mit

uns ein ganz anderer war als deren Umgang mit ihnen. Wir wurden ganz anders wahrgenommen, ganz anders ernst genommen, sei es in Gesprächen oder auch in allen Formulierungen. Zu uns hieß es: 'Kannst du mir mal bitte?', während es zu den Mädchen aus der eigenen Clique hieß: 'Hier, Alte ...'. Die Mädchen waren mit der Zeit uns gegenüber total distanziert, total dicht. Erst als wir mehr mit ihnen gemacht, auch mal mit ihnen allein was besprochen und unternommen haben, hat sich das auch allmählich relativiert.«

»Die Freundin von unserem Obermacker war völlig sauer. Die konnte nicht mal mein Parfüm ab, wenn ich in ihrer Nähe war. Und wenn du dich umgekehrt zu sehr um die Mädchen kümmerst, dann heißt es, dann bist du eine Emanze.«

Mitarbeiter und Mitarbeiterinnen werden aus Sicht der Jugendlichen für unterschiedliche Dinge angesprochen. Mitarbeiter werden von Jugendlichen eher als Partner oder als Gegenüber für Sprüche und Flaxerei anvisiert. Mitarbeiterinnen gegenüber öffnen sich Jugendliche schneller und tiefergehender als Partnerin für intensive(re) Gespräche.

»Bei den Männern ist mein Zugang sicher erleichtert. Ich merke, ich bin für sie interessant, weil ich eine Frau in ihrem Alter bin, und gleichzeitig eine Frau, zu denen sie sonst eigentlich keinen Kontakt haben. Ich bin total erstaunt, wie einfach es für mich ist, zu diesen Jungen Kontakt zu bekommen. Ich hatte mit viel mehr Widerständen gerechnet, aber es kam ganz anders. Schon, als ich erst zwei-, dreimal dagewesen war, haben die auf mich gewartet und waren sauer, als ich mal etwas später kam. Und ich glaube schon, daß das entscheidend meinem Geschlecht zuzuschreiben ist.«

Innerhalb der Anerkennung gesellschaftlicher Rollenverteilung erscheint es offensichtlich männlichen Jugendlichen notwendig, das mühsam aufgebaute Image des Mannes aufrechtzuerhalten, der unter Männern stark ist und keinerlei Schwächen zeigt. Andererseits ist es ihnen nicht abträglich, bei einer Frau die 'emotionale Wärme' und 'Fürsorglichkeit' zu suchen, entsprechen solche Qualitäten doch dem traditionellen Weiblichkeitsklischee wie seine Funktionalisierung und Ausnutzung dem männlichen Stereotyp.

Überhaupt scheint der Zugang zu den männlichen Jugendlichen allgemein vorrangiger wie auch einfacher und leichter zu sein als zu den weiblichen Jugendlichen. Letzteren gegenüber erleben besonders Mitarbeiterinnen ausgeprägte Schwierigkeiten:

»Wir hatten große Schwierigkeiten, an die Mädchen heranzukommen, weil die gemerkt haben, daß wir ein ganz anderes Verhältnis zu ihren Jungens hatten, auch ganz anders akzeptiert wurden als sie. Daraus entstanden Eifersüchteleien, weil es für die Mädchen so aussah, als wollten wir ihnen ihre Typen wegschnappen.«

Allgemein scheint zu gelten, daß sich MitarbeiterInnen in ihren Arbeitsansätzen erst mal auf die geschlechtsspezifischen Rollenbilder und -vorstellungen der Jugendlichen einstellen und entsprechende Zugangsweisen entwickeln müssen. Ob und inwieweit das tatsächlich unausweichlich ist oder welche Wirkungen das hat, wird scheinbar bislang nur selten reflektiert. So wird oftmals eher selbstverständlich und - im wahrsten Sinne des Wortes - unbedacht damit umgegangen, daß Frauen oft leichter Zugang zu den in den Szenen tonangebenden Männern finden und auch leichter intensivere und persönlichere Kontakte zu den einzelnen aufbauen können. Dann aber liegen Funktionalisierungen der Kolleginnen als Kontaktarbeiterinnen nahe. Man(n), vor allem aber Frau kann darin eine sublime Form von Sexismus ausmachen:

»Männer können ja auch Frauen nutzen, um Zugang zu diesen Typen zu kriegen. So versucht mein Kollege seit langem vergeblich, Kontakte zu dem Oberguru der Jugendlichen zu kriegen. Und dann meinte er, als ich das erste oder zweite Mal mit war, zu den Jugendlichen: 'Ihr könnt sie ihm ja mal vorstellen.«.

Geht es um erste Prozesse der Kontaktaufnahme und des Vertraut-Werdens, werden offenbar in gemischten Teams eher Kolleginnen eingesetzt. Sie sind - auch für die Jugendlichen - ganz vorrangig Ansprechpartnerinnen, wenn es um persönliche Probleme, das Äußern ganzer Lebensschicksale geht oder auch um die Hilfeleistung und Unterstützung beim Umgang mit Bewerbungen, mit Ämtern und Institutionen. Geht es dagegen um Prozesse ritueller Selbstinszenierung, um die Teilnahme am Szeneleben außerhalb der Treffpunkte, um den Besuch einer Fete, eines Schützenfestes, um eine Sauftour, eine Butterfahrt, eine Fahrt zu einem Auswärtsspiel, um Zeltunternehmungen u.ä., so werden weit eher die Männer im Team als die Frauen angesprochen.

Manch einer mag Formen eines sublimen Sexismus erkennen, wenn Mitarbeiter und Mitarbeiterinnen enstsprechenden Ansinnen unreflektiert nachgeben: Schließlich verfestigen sie damit die eingeschliffenen Muster der bestehenden Geschlechtsverhältnisse. Soweit sie in Versuchung stehen, dies zu tun, stellt sich vor allem für die männlichen Mitarbeiter die Frage, inwieweit eine geschlechtsreflektierende Arbeit mit dieser Zielgruppe ohne eingehende Reflexion der eigenen maskulinen Identitätsbezüge gelingen kann.

4.4 Exkurs
Klaus Farin: Skinheads als rechte Jugendkultur?

»Ich habe nie gewählt und werde nie wählen. Ich bin kein Nazi und erst recht kein Sozialdemokrat. Meine eigene Ansicht ist, daß ich mehr mit einem Schwarzen aus der Arbeiterklasse gemeinsam habe als mit 'nem Weißen aus der reichen Mittelklasse. Abgesehen davon habe ich über Rassen und Politik nichts zu sagen, außer daß alle Politiker Schwindler und Lügner sind. Und ich würde nicht einmal auf sie pissen, wenn sie brennen würden.«

Die ersten Skinheads erblickten Mitte der 60er Jahre in den großstädtischen Arbeitervierteln Britanniens das Licht der Welt. Was sie sahen, erregte ihren Zorn: Wirtschaftskrise, Arbeitslosigkeit und Lehrstellenmangel, krisengewinnlerische Mittelschichtyuppies (Städteplaner, Rationalisierer, Computerexperten), Langeweile. Als sie merkten, daß sie gegen den Verfall ihrer proletarischen Werte (Arbeitskraft) machtlos waren, wollten sie wenigstens zeigen, daß sie dagegen waren, und holten demonstrativ aus der Mottenkiste, was einen echten Proletarier in den 50ern, als alles noch besser war, ausmachte: breite Hosenträger über grob gestrickten Bergarbeiterhemden, Jeans (aufgekrempelt), die billigen Sicherheitsschuhe des Dr. Martens und proletarisch kurz geschorenes Haar.

Man kannte sich aus früheren Szenarien (etwa den Mods) und den Fußballstadien. Und Fußball, Dart, Bier, Parties und Prügeleien blieben weiterhin das sinn- und identitätsstiftende Hobby der Jungmännercliquen, die sich nun Skinheads nannten: Hautköpfe, Glatzen. Und Musik, schwarze Musik, Ska und Reggae, von den Einwanderern aus der Karibik importiert. Klar, daß man da nicht gut Rassist sein konnte, wenn man seine Lieblingsmusik Schwarzen verdankte, die angesagten Bands alle schwarz oder schwarzweiß waren, man in den Klubs Seite an Seite mit schwarzen rude boys tanzte.

Das bedeutete nicht, daß es keine Rassisten in der Szene gab - wie sollte es auch anders sein, wenn die Massenmedien täglich mit »einer unkontrollierten Flut von asiatischen Einwanderern (DAILY MIRROR) drohten und ein Tory-Kandidat seine Wahlkampfkampagne mit dem Slogan gewann: «If You want a nigger neighbour, Vote Labour." Doch Rassismus spielte - wie Politik überhaupt - keine Rolle, traf in der Regel eher auf Ablehnung. Das völkerverbindende Motto hieß: Spaß! Natürlich hatte das damals schon entwickelte 'Hobby' des 'Paki-bashing' objektiv *auch* rassistische Wurzeln. (Daran ändert auch die Tatsache nichts, daß westindische rude boys gelegentlich auf Seiten der Skins mitprügelten.) Aber es hatte im Bewußtsein der meisten Prügelknaben noch kein höheres Gewicht und keine andere Bedeutung als die Straßenschlachten und Prügeleien mit Hippies und Oberschülern (was in der Regel identisch war) oder gegnerischen Fußballrowdys und der Polizei.

Das änderte sich erst Mitte der 70er Jahre mit der zweiten Skin-Generation. Im Mutterland des versunkenen Empire herrschte damals ein 'Hoyerswerda-Klima', die britische Regierung eilte in ihrer rassistischen wie anti-sozialen Politik der bundesdeutschen Wenderegierung zehn Jahre voraus. Obwohl bereits das neue Immigrationsgesetz von 1971 die Möglichkeiten der Einwanderung mit Ausnahme der Familienzusammenführung gestoppt hatte, gab es weiterhin Überfälle und Morde an Farbigen, die von der Polzei routinemäßig als »ohne erkennbaren politischen Hintergrund« klassifiziert wurden. Das Thema blieb weiterhin ein Wahlkampfhit. So warnte Margaret Thatcher 1978, daß »bald das Land mit Menschen einer anderen Kultur überschwemmt sein würde.«

Im allgemeinen rassistischen Klima jener Jahre erlebten die National Front und andere faschistische Gruppierungen ihr bislang größtes Coming-out. So gelang es ihnen auch verstärkt, ihre militanten Aktivisten aus der Skinheadszene zu rekrutieren, die ob ihres prächtig entwickelten Männlichkeitskultes, des 'brutal, häßlich und gemein' wirkenden Outfits und der ausgeprägten Prügellust von Neonazis stets besonders umworben wurden. Nicht wenige 'Scheitel' ließen sich bewußt die Haare scheren, um in der Skin-Szene unterzutauchen und zu rekrutieren. Rechte Skins standen nun immer häufiger in der ersten Reihe, wenn es zu (rassistischen) Übergriffen kam, oder spielten die Security bei Nazi-Veranstaltungen.

Mit diesem Image behaftet schwappte die Botschaft von der neuen männlichen Subkultur Ende der 70er Jahre nach Deutschland über. Kein Wunder, daß sich die Mehrheit der frühen Skins als 'rechts' verstanden. Obwohl ein beträchtlicher Anteil realistisch gesehen eigentlich nur 'unpolitisch' war. Die Zeit war günstig für die neue Jugendbewegung. Denn der Punk degenerierte immer krasser zur 'Neuen Deutschen Welle', verkommerzialisiert und angepaßt. Doch einige Punks wehrten sich, beschleunigten ihren Rhythmen noch ein Stück, damit die Industrie kein Interesse zeigte und die eigenen Eltern sich wieder erschaudernd abwandten, und nannten es - Oi! Die zweite Wurzel der Skin-Bewegung war gesprossen.

Diese Entwicklung zeigte sich auch in der DDR. An die Originalklamotten und -musik kam man da zwar schwieriger ran, aber die zentrale Botschaft war klar: Nichts provoziert die Spießer-Stinos mehr als Skinhead-Sein! Hüben wie drüben. Sahen die harten Kuttenfans in den Fußballstadien (der Begriff Hooligan war noch nicht geboren) bis dahin noch aus wie das Stammpublikum einer Woodstock-Revival-Fete (denn das war bis dahin das Provokativste im realsozialistischen Preußen), so stellte man nun fest, mit dem ultraharten Outfit und rechtsradikalen Sprüchen konnte man den antifaschistischen Arbeiter- und Bauernstaat noch mehr reizen.

Auch in Deutschland versuchten Nazi-Kader bald, die Skin-Szene für sich zu vereinnahmen. Und in der Tat gelang es Michael Kühnen, viele Glatzen zumindest für Aktionen zu mobilisieren. Als Mitglieder der Kadersekten mit hohen disziplinären Anforderungen eigneten sich die anarchischen Prügelknaben allerdings kaum. Doch entscheidend radikalisiert und ideologisch aufgeladen wurde die Situation erst mit dem Mauerfall. Und dazu waren keine Neonazis mehr notwendig. Die Bundesregierung und ihre tragenden Parteien übernahmen das nun selbst. Das gezielte Angebot von Flüchtlingen als Blitzableiter von seiten (un)verantwortlicher Politiker via Medien zur ideologischen Homogenisierung der neudeutschen Zwei-Klassen-Gesellschaft inmitten ihrer schärfsten Wirtschafts- und Ideologiekrise seit 1949 führte zum Erfolg: Zunächst rechte Skinheads, dann andere Jugendliche übernahmen es gerne, als ehrenamtliche Ordnungstruppe die Ausländer-'raus!-Parolen der Volksvertreter direkt auf den Straßen umzusetzen.

Doch da gab es auch immer die anderen Skinheads: die vielen Unpolitischen, die nichts weiter wollten als Bier, Musik, Spaß und verläßliche Freundschaften. Oder auch diejenigen, die es einfach nicht verstehen wollten, wie ein Skinhead schwarze Musik hören und gleichzeitig Rassist sein kann, und die sich seit 1988 unter dem internationalen S.H.A.R.P.-Logo (»Skinheads Against Racial Prejudice« - Skinheads gegen rassistische Vorurteile) zusammenfanden. Oder gar die Linken der Skin-Szene, die Sozialisten und Anarchisten, die Redskins - wenige zwar nur, aber oft aufgrund ihres politischen Selbstverständnisses die fleißigsten Aktivisten.

Und heute?

Etwa 8.000 Skinheads gibt es inzwischen in beiden Deutschlands, Tendenz steigend. Davon sind unter zehn Prozent direkt in das neonazistische Netzwerk eingebunden, bis zu 40 Prozent lassen sich jedoch für (Gewalt)Aktionen rekrutieren, denken DEUTSCH, hassen Fremde, Arbeitsscheue und 'linke Zecken' (Hippies, 'Emanzen', Autonome, Kommunisten, 'Punk-Asseln'). Man trifft sie tendenziell eher im Osten als im Westen, eher in Klein- als in Großstädten.

Die Mehrheit der Skins begreift sich als 'unpolitisch', distanziert sich von Neonazis und der rassistischen Gewalt ihrer brandschatzenden Zwillingsbrüder, in der Regel aber auch von linken Gruppierungen. Ein Teil von ihnen bezeichnet sich selbst als 'SHARPs' oder 'Skinheads gegen Rassismus', vielen ist aber auch das schon zu politisch, jeder Polit-Aufnäher zuviel Meinung. Fluktuationen innerhalb dieser Fraktionen sind nicht ausgeschlossen. Auslöser dafür ist selten ein politischer Meinungsumschwung, sondern die Gruppensituation, die individuelle Akzeptanz des einzelnen innerhalb seiner Clique, die höhere Attraktivität der anderen Clique (Kameradschaft,

Konzerte, Treffpunkt). Antirassistisch engagiert (Teilnahme an Demonstrationen, Veranstalter antirassistischer Konzerte und Discotheken, Aktivitäten in entsprechenden Bündnissen oder Bürgerinitiativen und Jugendgruppen) sind allenfalls zehn Prozent dieser Gruppe, und nur sehr wenige, maximal 300, verstehen sich als Redskins im engeren Sinne, d.h. als Sozialisten/Kommunisten und sind Mitglied in entsprechenden linken Organisationen (PDS, Alternative Liste/Die Grünen/Bündnis 90, kommunistische Splittergruppen).

Gewaltbereit sind etwa 80 Prozent der Skin-Szene ('Rechte' tendenziell eher, in der Praxis bedeutend mehr). Nur jeder fünfte Skinhead ist weiblich, was durchaus im Zusammenhang zu sehen ist: für reine Männercliquen spielen Randale und Alkohol eine größere Rolle als für gemischtgeschlechtliche. Die Frauen in der Szene drängen häufiger darauf, mal »was anderes« zu unternehmen, »rauszufahren aus der Stadt« statt die Wochenenden nur in der heimatlichen Stammkneipe zu verbringen. Der Alkoholumsatz der männlichen Skins liegt - auch nach Berücksichtigung unterschiedlicher körperlicher Voraussetzungen - bedeutend über dem der Frauen.

Politik spielt kaum eine Rolle in der Szene, weder in der rechten noch in der nicht-rechten. Auch die Haßtiraden der rechtsradikalen 'Boneheads' sind selten Ausdruck vertieften politischen Bewußtseins, sondern eher eine Mischung aus hilflos-aggressiver Unzufriedenheit mit der eigenen Lebenssituation und männlich-weißem Chauvinismus. Gewalt ist stets präsent im Skinhead-Alltag, schon als Kehrseite des bewußt provokativ gewählten Outfits unvermeidbar (wer nicht weiß, was ich meine, begleite einmal eine Skin-Gruppe, egal welcher Couleur, bei einer Stadtfahrt mit öffentlichen Verkehrsmitteln). Doch im Vordergrund stehen andere Dinge: Musik, Partys, Freundschaften. Ähnlich den Hooligans ist die Skin-Gemeinde eine extrem reisefreudige Truppe. Ein- bis zweimal im Monat organisiert irgendeine Skin-Clique in irgendeiner deutschen Stadt eine Party (Disco oder sogar mit Live-Act), zu der Skins aus allen Regionen der Republik und dem benachbarten Ausland anreisen. Zwischendurch pflegt man intensive Briefkontakte oder erfährt das Neueste aus der Szene aus einer der insgesamt sechzig(!) Skin-Zines, die es derzeit in deutscher Sprache gibt, inzwischen auch schon fünf aus ostdeutschen Landen, in der Regel in Auflagen zwischen 50 und 300 Exemplaren im Copy-Shop produziert. Außerdem dürften derzeit 50 bis 60 Bands um die Gunst der Szene buhlen, per selbstvervielfältigter Democassette oder bei von Skins autonom organisierten Konzerten in Scheunen, Hinterhofzimmern von Kneipen oder randstädtischen Jugendklubs, intern angekündigt, um Verbote oder Übergriffe Andersdenkender zu vermeiden, ohnehin ohne große Chance, in Radio oder Presse, von Fernsehen ganz zu schweigen, Beachtung zu finden. Oi!-Musik, neben Techno und - immer noch - diversen Metal-Spielarten ohne Zweifel die attraktivste Musikszene der Generation unter 30, findet - unabhängig von ihren textlichen Aussagen! - unter Ausschluß der Öffentlichkeit, ohne staatliche oder private Förderung statt. Gelangen Bands doch einmal ans Licht der Welt, dann sind fast stets antifaschistische Störaktionen (Böhse Onkelz) oder publicityträchtige Verbotsforderungen (Störkraft, Radikahl) der dankbare Anlaß. Gerüchte, rechtsradikale Skin-Bands würden inzwischen ihre Indizierung bei der Bonner Bundeszentrale für Jugendgefährdung selbst beantragen, ließen sich allerdings nicht belegen.

Aktuelle Trends und Prognosen

Seitdem rassistische Randale mehrheitsfähig wurde, ist nur noch eine Minderheit der Täter wirklich der Skinheadszene zuzuordnen; die meisten sind eben unsere Kinder, Stinos (Stinknormale), brave Bürgersöhne. Was Berichterstatter nicht daran hindert, wider besseren Wissens weiterhin von Skinheadrandale zu reden, auch wenn die Fernsehbilder fast nur junge Leute im modischen Kurzhaarschnitt oder gar langhaarige Täter zeigen. Die Existenz antirassistischer Skinheads wird weitgehend ignoriert; selbst Antifa-Skins kann es passieren, als Neonazis diffamiert zu werden. So stabilisieren Medien Feindbilder und (falsche) Identitäten.

Seitdem die allgemeine Gewaltbereitschaft unter Jugendlichen als Echo auf die Rufe aus deutschen Parlamenten und Parteizentralen die Militanz der Skinhead- und Hooligan-Szene eingeholt hat, wird es immer mehr Skins peinlich, mit dem prügelnden Normalvolk in einen Topf geschmissen zu werden. Seitdem selbst Kommunalpolitiker und die eigenen Eltern zur Verhinderung von Flüchtlingsheimen mit 'den Skinheads' drohen, kommen viele Skins, denen die rebellischen Wurzeln ihrer Kultur - nicht gegen andere 'Rassen', sondern gegen das (Politik-)Establishment gerichtet - noch etwas bedeuten, ins Grübeln. Das führt zu scharfen Auseinandersetzungen innerhalb der Szene: Während ein Teil der Skins die rechtsradikalen, vor allem rassistischen Ideologieversatzstücke der Mehrheitsgesellschaft internalisiert hat und - die Utopie eines ausländerfreien, autoritären Doitschlands als greifbares Ziel vor Augen - stärker am rechten Rand zusammenrückt und zu neuen drastischen Aktivitäten durchknallt (sich gar, wie seinerzeit die RAF, im gleichgewichtigen Ringkampf mit dem Staat glaubt), wird es vielen - älteren - Skins immer peinlicher, mit diesem randalierenden Mob in eine Schublade gesteckt zu werden, zumal es auch für 'unpolitische' Skins immer gefährlicher wird, einzeln durch die Straßen zu laufen. Die Formel 'Skins United!' gewinnt als Skin-eigene Anti-Gewalt-Parole zunehmend an Fans aus beiden Fraktionen. Zentrales Motto: Skinhead-Sein bedeutet 'a way of life', Spaß und Froinde. Wem Politik wichtiger ist als das, der gehört nicht zu uns. »Polit-Schwätzer aller Fraktionen, laßt Euch die Haare wachsen und verpißt Euch!« Dies bedeutet eine weitere Entpolitisierung der Szene (sowohl von Teilen der 'rechten' als auch der 'Anti-Nazi'-Fraktion), während eine Minderheit sich allerdings auch angesichts der Pogrome zu aktivem antirassistischem Engagement verpflichtet fühlt.

Was tun?

1. Genauer hinsehen. Nicht jede Glatze ist ein Rechtsradikaler.

2. Rechtsradikale Glatzen sind in der Regel nicht neonazistisch angebunden, Gewalt und rechtsradikale Ideen sind in den meisten Fällen auch Ausdruck aktueller Defizite im Lebensalltag der Täter. Das eröffnet Ansätze für JugendarbeiterInnen und eine Chance der Deeskalation der brisanten Gefühlslagen.

3. Über das Erschrecken über die häßlich-brutalen Glatzen nicht die Ursachenzusammenhänge vergessen. Gewalt ist keine Erfindung von Jugendlichen, sondern eine tragende Säule unserer Gesellschaft. Hoyerswerda, Rostock, Mölln wären nicht geschehen, hätten Politiker und Medien nicht massiv seit 1989/90 den potentiellen Gewalttätern die Asyl'debatte' als ideologischen Molotowcocktail kontinuierlich offeriert.

4. Die Skin-Szene ist eine der wenigen attraktiven Jugendkulturen der Gegenwart für rebellische Jugendliche, eine täglich gelebte Demonstration für eigene, unkontrollierte Freiräume. Progressive JugendarbeiterInnen können ihre Aufgabe wohl kaum darin sehen, diese Ansätze zu zerschlagen. Sondern es gilt, die nicht-rassistischen Szene-Fraktionen bzw. die Trennschärfe zwischen Skin-KULTur und rassistischen Pogromen zu fördern, das Klischee Skinhead = Neonazi öffentlichkeitswirksam zu zerstören. Vor allem Ska-Konzerte und Disco-Abende eignen sich dafür hervorragend. Mutigere sollten sich auch an Oi!-Bands heranwagen!

III. Einrichtung und Wirkung von Projekten in rechten Jugendszenen

Die pädagogische Arbeit in rechten Jugendszenen, auf die sich der vorhergehende zweite Hauptteil konzentriert, bedarf bestimmter Handlungsvoraussetzungen und Handlungsbedingungen. Darauf richtet sich der abschließende Teil aus. Zunächst geht es dabei um Erfahrungen mit dem Aufbau, der Entwicklung und der Stabilisierung von Projekten. Denn immer wieder erweist es sich als ungemein schwierig, überhaupt Voraussetzungen und Grundlagen für eine pädagogische Arbeit in rechten Szenen zu schaffen - selbst da, wo eine entsprechende Notwendigkeit längst unübersehbar ist. In den herkömmlichen Handlungsfeldern und Einrichtungen von Jugendarbeit verschließt man sich bislang - aus den unterschiedlichsten Gründen - weitestgehend dieser Aufgabe. Und zusätzliche Mittel stehen kaum bereit. In Ostdeutschland kommt noch hinzu, daß hier insgesamt erst Strukturen von Jugendarbeit aufgebaut werden müssen. Auf die besonderen Bedingungen in Ostdeutschland gehen daher im weiteren Sabine Behn und Helmut Heitmann in einem exkursartigen Beitrag näher ein. Sie beleuchten zunächst die Situation der Jugendarbeit in den neuen Ländern allgemein und gehen dann speziell auf Jugendarbeit als Gewaltprävention im Rahmen des mit 20 Millionen DM ausgestatteten Aktionsprogramms der Bundesregierung gegen Aggression und Gewalt (AGAG) ein.

Um das breite Spektrum unterschiedlicher Arbeitszusammenhänge und Projekte von Jugendarbeit in rechten Szenen möglichst plastisch und konkret vor Augen zu führen und dabei zu zeigen, in welch unterschiedlichen Bedingungsgeflechten und Handlungszusammenhängen sich pädagogische Arbeit in ihnen realisiert, werden im dritten Kapitel skizzenhaft diejenigen Projekte dargestellt, von denen MitarbeiterInnen auf der diesem Band zugrundeliegenden Fachtagung in Bremen zugegen waren. Abschließend geht es dann um den Versuch, die Wirkungen der in den Projekten geleisteten Arbeit einzuschätzen. Diesen Versuch anzutreten ist wichtig angesichts des immensen - und teils auch völlig wirklichkeitsfremden - Erfolgsdrucks aus der Öffentlichkeit, dem dieser Bereich ausgesetzt ist.

1. Erfahrungen mit der Entwicklung und Stabilisierung von Projekten »Betteln am Abend - Randale in der Nacht«

1.1 Projektentstehung

»Leichen pflastern unseren Weg«, so heißt es aus verschiedenen Projekten zu ihrer Entstehungsgeschichte.
»Es muß immer erst krachen, vorher ist Projektarbeit fast nicht durchsetzbar. Manche sehen wohl die Notwendigkeit, etwas zu tun, bevor große Dinge passiert sind, aber Projekte mit präventivem Charakter sind nicht durchsetzbar. In G. waren es nicht nur die Morde, da waren auch im Vorfeld schon viele Dinge gelaufen. Das ist unsere eindeutige Erfahrung.«
Erst das Erschrecken über zunehmende jugendliche Randale und gewalttätige Übergriffe auf Minderheiten, insbesondere auf AusländerInnen, ist zumeist der Anlaß, Angebote von Jugendarbeit an rechte Cliquen und Szenen in Erwägung zu ziehen. Die Probleme, die die Jugendlichen machen, fungieren als Handlungsmotor für politische Instanzen, Verwaltungen und auch für Träger der Jugendarbeit, nicht die Probleme, die die Jugendlichen haben. Präventive Arbeitsansätze, die vielleicht Eskalationen frühzeitig begegnen oder sie gar verhindern könnten, sind nur in den seltensten Fällen durchsetzbar. Jedoch ist auch bei den Übrigen der Entstehungszusammenhang sehr unterschiedlich, nicht nur hinsichtlich eines möglicherweise ganz konkreten Gründungsanlasses. Unterscheiden lassen sich vor allem folgende Gründungskonstellationen:

- Reaktion auf aufschreckende Todesfälle und ähnliche Extrem-Ereignisse,
- Reaktion auf schier unaufhaltsam eskalierende Randale und Gewalt,
- Reaktion auf Konflikteskalationen um Lebensräume, Aufenthaltsorte Jugendlicher,
- Reaktion auf erfolgreiche oder versuchte Aneignung von Räumen,
- Entstehung durch personale Konfrontation (z.B. in der Jugendarbeit oder einem Forschungs- oder Studienprojekt),
- Entstehung mit präventiven Intentionen im Hinblick auf eine sich herausbildende Szene.

Teils sind es konkrete Personen, die sich in diesem Feld engagieren wollen und sich dafür dann teilweise erst eine entsprechende organisatorische und institutionelle Basis suchen oder schaffen müssen, teils sind es politische Gremien, Behörden oder Träger der Jugendhilfe, die entsprechende Arbeit für notwendig halten und dann nach Personen suchen, die diese Arbeit zu leisten bereit sind. Sehr auffällig ist aber, daß kaum je die Initiative aus den bestehenden Einrichtungen der Jugendarbeit heraus erwächst - sei es bei öffentlichen oder bei freien Trägern. Gefragt sind, wenn überhaupt, dann 'Sondermaßnahmen'. Zwar sind immer häufiger Mitarbeiterinnen und Mitarbeiter in Jugendeinrichtungen, insbesondere in denen mit offener Arbeit, mit Jugendlichen konfrontiert, die in massiver Weise durch rechtsextremistische Deutungsmuster und hohe Gewaltbereitschaft auffallen. Aber es scheint dann - bei allen unterschiedlichen Reaktionsweisen - fast durchweg darauf geachtet zu werden, daß jedenfalls diese 'Problemjugendlichen' nicht die anderen verdrängen und die Hauptaufmerksamkeit auf sich ziehen. Im Extremfall werden dann durchweg eher die 'Auffälligen' rausgedrängt (seltene andere Beispiele finden sich bei Hartwig 1990 und Hartmann 1992) - oder es läßt auch mal ein Jugendverband seine Einrichtung lieber für 1 1/2 Jahre leerstehen.[1]

Die 'normale', die etablierte Jugendarbeit scheint sich bislang fast durchweg möglichst weit fernhalten zu wollen von auffälligen rechten Jugendcliquen. In der Millionenstadt Hamburg z.B. ist - neben der Fan-Arbeit - lediglich eine ehrenamtlich tätige Elterninitiative in diesem Bereich aktiv. Angesichts geringer Ressourcen wie angesichts erschreckender Deutungs- und Verhaltensmuster jener Jugendlichen könne und dürfe es sich die konventionelle Jugendarbeit nicht leisten, offener zu werden für eine Arbeit mit solchen Jugendszenen oder darauf gar einen Schwerpunkt setzen - so die gängige Rechtfertigung.

Die Jugendarbeit mit rechten Szenen hat sich überwiegend in speziellen Projekten und Arbeitszusammenhängen entwickelt und ist kaum irgendwo integraler Bestandteil einer breitgefächerten Jugendarbeit. Von den zahlreichen Jugendverbänden scheinen z.B. kaum mehr als zwei (die Evangelische Jugend und die Sportjugend) auch nur hier und dort mal bereit zu sein, mit auffälligen rechten Jugendszenen zu arbeiten.

In der Regel werden Projekte mit rechten Szenen also als spezielle Kriseninterventionsprogramme konzipiert. Das bedeutet gleichzeitig für sie, daß sie durchweg nicht langfristig abgesichert sind. Denn Arbeit in diesem Bereich wird von Politik und Förderungsgebern von vornherein nicht als langfristige Arbeit angelegt.

»Für uns, die wir - als Fußball-Fan-Projekt - seit 10 Jahren arbeiten, stellt sich jedes Jahr erneut die Frage: Geht's weiter oder geht's nicht weiter? Das bedeutet, daß man eigentlich nie langfristige Vorhaben angehen kann, weil man nicht weiß, ob man im nächsten Jahr überhaupt noch als Projekt arbeitet. Zum zweiten bedeutet das, daß bei uns z.B. seit 1 1/2 Jahren keine

---

1   Vgl. dazu Krafeld 1992a, S.109f. Dort findet sich auch auf S. 132-145 eine sehr ausführliche Darstellung der Entstehungsgeschichte eines Projektes.

Fachgespräche mit unserem Vorstand mehr gelaufen sind, weil wir nur noch
über Finanzen zu reden haben. Auch, daß ein Großteil unserer Arbeitska-
pazität dadurch gebunden wird, daß wir Finanzanträge zu schreiben haben,
Konzepte vorzulegen haben und für kleinste Minibeträge lange Berichte
schreiben müssen, behindert unsere Arbeit sehr stark.«

Aus beinahe allen Projekten wird über lange Auseinandersetzungen berichtet, ehe sie politisch und finanzpolitisch durchsetzbar wurden. Selbst nachdem entsprechende Problematiken ins öffentliche Bewußtsein eingedrun-
gen sind, vergehen häufig noch ein bis eineinhalb Jahre, bis daß Projekte
arbeitsfähig eingerichtet werden. Und sogar dann haben oft konkrete Beziehungen, Kontakte und Zufälligkeiten letztlich für die Projektgründung und
die Projektabsicherung eine weit wichtigere Rolle gespielt als der Bedarfs-
druck selbst.

»Die Hauptarbeit war anfangs, das Projekt nach außen abzusichern. Und
dazu waren ganz wichtig: Kontakte und Gespräche mit Kommunalpolitikern
im Stadtteil, mit Behörden, mit Vereinen, mit der Wohnungsbaugesellschaft,
mit der Polizei. Daß hieß, sich einzumischen in die formelle und informelle
kommunale Infrastruktur, um das Projekt abzusichern. Dazu gehörte auch,
sich in die entsprechende politische Diskussion im Stadtteil einzumischen.«

An den Orten, wo Jugendliche auf der Suche nach Räumlichkeiten zur Entstehung von Projekten den Anstoß gegeben haben, verhalfen - wie an anderer Stelle bereits aufgezeigt - weniger deren Bemühungen im Rahmen demokratischer Spielregeln für Interessendurchsetzung zum Erfolg. Weit öfter
war es vielmehr der Handlungsdruck, den dieselben Jugendlichen durch
Auffälligkeiten, Randale und Gewalt erzeugten.

»Erreicht haben sie fast nur da was, wo sie eine Doppelstrategie gefahren
sind: Betteln am Abend und Randale in der Nacht!«

Aufgeschreckt durch die Ereignisse seit Hoyerswerda, Rostock und Mölln
scheint allerdings allmählich die Bereitschaft zu wachsen, offener für entsprechende Projekte zu sein und sich über die materielle Ausstattung der
bestehender Projekte mehr Gedanken zu machen:

»Nach 10 Jahren Fan-Projekt-Arbeit hat vor einigen Monaten der DFB
signalisiert, Fan-Projekt-Arbeit finanziell zu unterstützen. Es liegt zwar
noch keine Mark fünfzig auf dem Tisch. Aber es ist ein Präsidiumsbeschluß.
Das ist schon was, wenn ich bedenke, wie Herr Neuberger vor fünf Jahren
noch sagte: 'Wenn die Hooligans kommen, muß der Knüppel raus.'«

Und für Ostdeutschland wurde von der Bundesregierung das 'Aktionsprogramm gegen Aggression und Gewalt' aufgelegt (vgl. dazu den Beitrag von
Behn/Heitmann in diesem Band).

1.2 Trägerstrukturen

Die meisten Projekte - abgesehen von den Fußball-Fan-Projekten - entstehen innerhalb vorhandener Trägerstrukturen, sei es bei kommunalen oder freien Trägern. Als freie Träger treten verschiedene Vereine aus dem Feld sozialer Arbeit auf, daneben in Einzelfällen Wohlfahrtsverbände, Jugendverbände, Jugendringe u.ä.. In einer Reihe von Projekten besteht auch eine institutionalisierte Kooperation, teilweise auch zwischen freien und öffentlichen Trägern.

Soweit Projekte innerhalb bestehender Trägerstrukturen aufgebaut werden, sind grundlegende Infrastrukturen, Arbeitsgrundlagen und Arbeitsmittel von vornherein verfügbar und als Ressourcengrundlage so gut wie selbstverständlich. Ganz anders sieht es bei Projekten aus, die sich ihre organisatorische Basis erst von Grund her selbst schaffen müssen, angefangen von einer Vereinsgründung über die Finanzierung von Stellen bis hin zum Aufbau von Organisations- und Verwaltungsstrukturen. In besonders komplexer Weise zeigen sich die Probleme der Trägerschaft im Bremer Projektverbund, der ursprünglich aus einem studienbegleitenden Projekt in vier Stadtteilen entstanden ist und der innerhalb der bestehenden kommunalen und freien Trägerstrukturen nicht abzusichern war.

»Wir sind als Honorarkräfte eingestellt worden, bekamen aber zumindest einer halbe Stelle nach Beendigung des Studiums in Aussicht gestellt. Am Ende sah es aber so aus, daß das Versprechen nicht eingehalten wurde. E. mußte über ein Jahr auf ihre Stelle warten, so daß wir uns überlegt hatten, auf andere Art und Weise unsere Stellen abzusichern. - Wir haben die ganze Arbeit in Bremen über drei Jahre nur auf Honorarbasis gemacht. Und obwohl wir Öffentlichkeitsarbeit gemacht haben, z.B. über unsere Arbeit Aufsätze schrieben, war überhaupt keine Absicherung in Sicht. Im letzten Jahr waren wir hauptsächlich mit der Absicherung beschäftigt, um überhaupt unsere Arbeit fortsetzen zu können. Es kam kein Signal des Interesses von der Behörde, die Weiterarbeit abzusichern. Wir haben dann einen Verein gegründet, der zum einen die Projekte absichern und entsprechende Stellen schaffen, zum anderen dem Anspruch gerecht werden soll, nicht nur die Arbeit innerhalb einer Räumlichkeit machen zu können, sondern auch zu vernetzen. So ist es nun auf unterschiedlichen Ebenen gelungen, daß E. bei einem anderen Verein als ABM eingestellt worden ist, ich beim Amt für Soziale Dienste Urlaubsvertretung mache (das ist auch nur für ein Jahr abgesichert) und G. jetzt über unseren Verein abgesichert wird.«

In jedem Teilprojekt in den einzelnen Stadtteilen gibt es inzwischen eine Schachtelkonstruktion von jeweils mehreren unterschiedlichen Kooperationspartnern, über die jeweils ein Teil der Ressourcen finanziert und abgesichert wird: die Räumlichkeiten, die Honorarmittel, die Stellen, die Weiterbeschäftigung bei Befristungen, die Organisations- und Verwaltungskosten und nicht zuletzt die jeweiligen Renovierungskosten, Aktivitätenkosten u.ä.. Über weitere Mittelanträge und Kooperationen werden auch für die übrigen beiden, seit vier Jahren bestenfalls auf Honorarbasis tätigen MitarbeiterInnen entsprechende Stellenfinanzierungen angestrebt.

1.3 Finanzielle und personelle Absicherungen

Die finanziellen und personellen Ressourcen der Jugendarbeit in rechten Szenen spiegeln wieder, daß in diesem Arbeitsfeld kurzfristige Kriseninter-vention im Mittelpunkt steht. Entsprechend ist nur ein verschwindend klei-ner Teil der MitarbeiterInnen unbefristet beschäftigt. Die meisten verfügen heute lediglich über ABM-, § 19 BSHG-Stellen oder andere zeitlich befri-stete Stellen, oft dazu auf Teilzeitbasis. Dort, wo mehrere beschäftigt sind, ist meist bestenfalls eine Stelle längerfristiger abgesichert. Aber auch die Koppelung von einer angestellten Kraft und einer Honorarkraft ist verbrei-tet. In der Entstehungszeit etlicher Projekte wurde gar vornehmlich oder sogar ausschließlich zurückgegriffen auf Ehrenamtlichkeit, Anstellung mit-tels Honorarverträgen, Praktika und das Anerkennungsjahr. In Ostdeutsch-land kommt dazu, daß kaum jemand eine formale Qualifikation für diese Tätigkeit nachweisen kann und bislang auch völlig ungeklärt ist, ob diesen MitarbeiterInnen ein berufsbegleitender Qualifikationserwerb ermöglicht wird oder sie nach Ablauf ihrer ABM-Verträge als Unqualifizierte auf der Straße landen werden.

Andererseits sind in Ostdeutschland gegenwärtig durch das Aktionspro-gramm der Bundesregierung gegen Aggression und Gewalt relativ günstige Personalausstattungen möglich - jedenfalls in den nach der Gewaltstatistik ausgesuchten Orten für dieses Programm. Diese Stellen allerdings lassen sich teilweise zur Zeit aufgrund verwaltungstechnischer Schwierigkeiten in der Programmanlaufphase, fehlender Infrastruktur oder fehlender geeigne-ter BewerberInnen nur sehr schwer besetzen.

»Da kommen auf Stellenausschreibungen Leute, die überhaupt keine Vor-stellungen von pädagogischer Arbeit haben«.

Die derzeitige angespannte Situation der ABM-Förderung bringt viele Pro-jekte an den Rand der Existenz. Die Zahl genehmigter Stellen geht rapide zurück, Verlängerungen über ein Jahr hinaus werden immer schwerer. Ersatz für das Ausbleiben einer ABM-Förderung ist selten in Sicht, da auch die öffentlichen Haushalte im Bereich der Jugendförderung zunehmend einspa-ren. Zusätzlich wird eine längerfristige Planung durch die zunehmende Un-kalkulierbarkeit von Finanzierungsentscheidungen beeinträchtigt. Während z.B. in Geltungsbereichen einzelner Arbeitsämter für eine zweijährige ABM schon häufig eine Übernahmegarantie gefordert und Personen, die bislang über §19 BSHG gefördert wurden, erst nach entsprechender Wartezeit von mindestens einem Jahr in einer ABM weiterbeschäftigt werden können, sind anderswo längerfristige Kontinuitäten möglich. Dem kommt gerade in diesem Arbeitsbereich ungeheure Bedeutung zu, da hier eine Beziehungsarbeit mit Menschen geleistet wird, die oft auf immense Defizite und einschneidende Brüche in ihrer sozialen Biographie zurückblicken. Muß in so einem Feld eine vertraut gewordene Person ausscheiden, so ist es für neue MitarbeiterInnen nicht selten unmöglich, solch abgerissene Fäden wieder aufzunehmen. Über den Weggang von Mitarbeiterinnen und Mitarbeitern bricht oft der Zugang zu einer ganzen Clique unwiederbringlich zusammen: Sie wird dann unerreichbar.

»Wir sind im Moment zu dritt, und es heißt so, daß vermutlich eine feste Stelle dabei rausspringen wird. Mit einer festen Stelle! Das ist dann aber Überlebenstraining und nicht Sozialarbeit. Am Allerschlimmsten und Nötigsten etwas rumfummeln, aber nichts Grundsätzliches. Dafür versuchen sie, Leute aufzutreiben, die sich so aufreiben. Die sind dann auch bald verschlissen, nach zwei Jahren haben die die Krise.«

Angesichts solcher Bedingungen fordert die Absicherung der Projekte nach außen einen immensen Arbeitsaufwand, weil sich diese Absicherung auf die Herstellung von Akzeptanz (bei Nachbarn, bei Medien, bei KommunalpolitikerInnen zum Beispiel) wie auf die Sicherung materieller und personeller Ressourcen ausrichten muß. Diese Zeit fehlt dann vielfach in der konkreten Arbeit mit den Jugendlichen - eine Zwickmühle, in der MitarbeiterInnen allerdings nach wie vor oftmals die Priorität eher auf die Beschäftigung mit den Jugendlichen setzen und dann noch leichter bereit sind, projektsichernde und infrastrukturelle Aktivitäten zu vernachlässigen.

»Warum habt ihr nicht in der Vergangenheit mehr Zeit darauf verwandt, euer Projekt abzusichern, für euch zu sorgen? Wenn es knallt, dann habt ihr die fachliche Kompetenz. Dann heißt es doch auch, Bedingungen zu stellen und auch innerhalb des Projektes dafür zu sorgen, mich abzusichern, ehe ich überhaupt mit den Leuten arbeite. Die eigene Selbstversorgung ist doch auch wichtig, anstatt nur mit diesen Jugendlichen zu arbeiten. Was wäre, wenn ihr plötzlich als Team zusammen sagen würdet: 'Wir machen das nicht zu diesen Bedingungen!' Die haben doch niemand, der das dann macht.«

Auch einzelne Landesprogramme versuchen, aufsuchende Jugendarbeit und Projekte mit problematischen Jugendcliquen zu fördern. Die Erfahrungen eines Projektes mit Förderungszusagen aus dem Modellprogramm 'Gewaltig' des niedersächsischen Frauenministeriums verweisen auf Schwierigkeiten, über solche Mittel zur Projektabsicherung zu gelangen:

»Wir haben bis jetzt Verträge über ABM. Der große Plan war, daß bis 1993 die Stellen über Förderung vom Frauenministerium für mehrere Jahre ge-

104

sichert sein sollten. Meines Wissens ist aber bis jetzt noch nicht klar, in welcher Höhe und ob überhaupt Geld vom Land kommen wird. Zum Umfang dieser Projektidee kann man noch folgendes sagen: Zuerst war G. und Umland gemeint, dann kamen einige andere Gemeinden hinzu, jetzt soll die Region Südniedersachsen aus diesem Topf gefördert werden. Gleichzeitig zur steigenden Zahl von Projekten ist die Gesamtgeldmenge aber geschrumpft. - Jetzt stehen wir wieder mal so da, daß zum Ende dieses Monats zwei ABM auslaufen. Nach einem halben Jahr Pause sollen diese Kollegen wieder in eine neue ABM kommen. Die Zeit der Arbeitslosigkeit können sie mit einer geringfügigen Beschäftigung im Projekt überbrücken.«

Als Mindestvoraussetzungen für die Projektarbeit gelten u.a.:

die Personalausstattung muß so sein, daß durchgängig zu zweit im Team gearbeitet werden kann, auch zu Urlaubs-, Krankheits- und Fortbildungszeiten.

die zeitliche Perspektive von Beschäftigungsverhältnissen muß auf mehrjährige Beziehungsarbeit angelegt sein.

Zum Team sollten weibliche wie männliche Mitarbeiter gehören.

die Arbeitszeit muß so flexibel geregelt sein, daß neben verbindlichen Terminen viel (ja, in aller Regel weit mehr) flexible Zeit bleibt für ein Spektrum eher situativer Tätigkeiten, das von Einzelberatung und -begleitung bis zu gemeinwesenorientierten Aktivitäten reicht.

die materiellen Ressourcen müssen Spielraum geben für situativen Mitteleinsatz ohne Beantragungsverfahren und Einzelnachweis.

dem Team muß eine regelmäßige Praxisberatung und Supervision von außen zugänglich sein.

In der Praxis sind diese Grundanforderungen zur Zeit nicht bzw. nur in seltenen Fällen insgesamt eingelöst. Das liegt vor allem an den fehlenden Finanzen zur Einstellung und Absicherung einer entsprechenden Zahl von MitarbeiterInnen (vgl. dazu die Projektskizzen in Kapitel 3). Hinzu kommt, daß die Besetzung bewilligter Stellen oft nicht oder nur mit großer zeitlicher Verzögerung gelingt, da relativ wenige KollegInnen bereit sind oder sich in der Lage fühlen, solch eine Arbeit, dazu unter solchen Bedingungen, zu machen. Schließlich spielt in der Praxis die Starrheit von Organisations- und Verwaltungsmustern oft eine nicht unerhebliche Rolle, nämlich z.B. da, wo eine Festanstellung mit Vollzeit-Vertrag sinnvoll wäre, die eigentliche pädagogische Betreuung einer Clique allein diese aber nicht rechtfertigen würde: Da finden sich bislang nur in Einzelfällen Muster wie die Koppelung mit Aufgaben im Ambulanten Dienst, die Koppelung mit gemeinwesenorientierter infrastruktureller Arbeit oder mit Vernetzungsaufgaben, die eher sporadische Beratung weiterer Cliquen in größeren Szenezusammenhängen u.ä..

Ein wichtiger Bestandteil von Projektabsicherung ist weiterhin die Öffentlichkeitsarbeit. Über Öffentlichkeitsarbeit in einer (Fach-) Öffentlichkeit Diskussionen über Ursachen jugendlichen Verhaltens und notwendige pädagogische und politische Handlungsansätze zu forcieren, wird von etlichen als wichtige Möglichkeit oder gar Notwendigkeit gesehen. Ein Teil solch einer Arbeit vollzieht sich mittels Medien. Allerdings ist gerade dieser Teil nicht selten mit besonderen Unwägbarkeiten und Risiken behaftet.

»Die Medienarbeit wird bei uns dadurch geprägt, daß wir in der Öffentlichkeit rühren müssen, um auf uns aufmerksam zu machen, um bessere Chips zu haben bei der Verteilung öffentlicher Gelder. Das heißt, wir machen zum Teil Sachen mit Medien, die eigentlich gar nicht im Sinne unserer Arbeit sind. Und dann werden Dinge oft noch völlig falsch dargestellt.«

Dieses bringt Projekte in das Dilemma, einerseits auf Medienberichterstattung und Öffentlichkeit angewiesen zu sein, andererseits aber über Erfahrungen zu verfügen, wie Medienberichte Jugendliche stigmatisieren oder umgekehrt zu Nachahmungsaktivitäten animieren. Der 'Rostocktourismus' war dafür das deutlichste Beispiel.

»Dann kommen die vom Fernsehen und wollen Berichte über die Jugendgewalt machen. Die wollen dann auch richtig gewalttätige Jugendliche sehen. Und wenn die Jugendlichen sich so nicht als aggressiv darstellen, dann drücken sie ihnen für entsprechende Posen auch schon mal Geld in die Hand. Verkaufbar sind eben nur Sensationen.«

Doch nicht allein die Qualität von Berichten wird bemängelt. Allein der Hinweis auf entsprechende Projekte in den Medien lockt leicht unterschiedlichste Leute dorthin: von Funktionären rechtsextremistischer Organisationen über die überregionale rechte Jugendszene bis hin zu Antifaschisten, die endlich einen greifbaren Adressaten ihres Kampfes vor sich wähnen. Verschiedene Vorfälle beweisen, daß diese Wirkung von Medienberichten Projekte leicht überfordern und zum Scheitern bringen kann. Gerade einige Projekte in Ostdeutschland - aber nicht nur dort - haben diesbezüglich sehr leidvolle Erfahrungen machen müssen.

1.4 Anwerbung von Mitarbeiterinnen und Mitarbeitern

Wie erwähnt, erweist es sich vielerorts als schwierig, MitarbeiterInnen für Jugendarbeit in rechten Szenen zu gewinnen. Insofern ist es von Interesse, den Blick darauf zu richten, wie jetzige MitarbeiterInnen zu ihrer Tätigkeit gekommen sind.

»Ich bin über Nacht zu dieser Arbeit gekommen. Ich hatte vorher nur mit Frauen gearbeitet, zuletzt zwei Jahre im Frauenhaus. Und dann kam dieses ABM-Angebot. Das war natürlich der krasse Gegensatz. Politisch interessierte mich das aber. Und mit den vorhandenen Kollegen konnte ich mir das

auch vorstellen. Im Nachherein habe ich gemerkt, daß auch ein Grund war, nun diese Arbeit zu machen, daß ich nach der Arbeit nur mit Frauen gucken wollte: erstens, wie ist das, mal mit Männern zu arbeiten, und zweitens, wie ist das mit dieser extremen Gruppe. Da steckte auch hinter: Euch zeig ich's! Von euch laß ich mich nicht unterkriegen!«

Die Praxisarbeit in Projekten mit rechten Jugendszenen ist oft geprägt durch eine widersprüchliche Faszination. Die Beschäftigung mit Gedanken- und Verhaltenswelten, die weit entfernt liegen von eigener politischer Sozialisation, übt einerseits immense Anziehungskraft aus und ruft zugleich vielleicht Ängste oder gar Abscheu hervor. Gerade bei MitarbeiterInnen, die selbst aus einer aktiven antifaschistischen Tradition kommen und dort erlebt haben, daß bisherige Handlungskonzepte und Strategien nicht den erwünschten Erfolg 'gegen Rechts' gebracht haben, findet sich solch ein gewisser produktiver Reiz fremden Welten gegenüber.

Entgegen dem in der Öffentlichkeit verbreiteten Bild sind denn auch unter den Mitarbeiterinnnen und Mitarbeitern in Projekten mit rechten Szenen etliche zu finden, die sich als engagierte Linke verstehen, sich politisch in der Nähe der AntiFa-Bewegung oder der Autonomen sehen, teilweise dort auch selbst aktiv gewesen sind. Auch ein zweites, in der Öffentlichkeit verbreitetes Bild trifft nicht zu, nämlich jenes, daß gerade solch ein Arbeitsfeld 'gestandene Mannsbilder' erfordere. Zwar ist der nach wenigen Wochen aus einem Projekt ausgestiegene Landesmeister im Boxen eher eine Episode am Rande. Aber es ist auffällig, daß - im Unterschied zur Zusammensetzung der Cliquen mit überwiegend männlichen Jugendlichen und meist nur einigen wenigen Mädchen - relativ viele Frauen in diesem Arbeitsbereich tätig sind. Stellen die Mädchen kaum irgendwo mehr als 1/5 der jeweiligen Cliquen, dürfte der Frauenanteil unter den MitarbeiterInnen in diesem Arbeitsfeld sicher bei ca. 40 % liegen. In mehreren Projekten sind Frauen alleine tätig oder besetzen Frauen die einzigen festen Stellen. Lediglich im Bereich der Fußball-Fan-Projekte liegt der Anteil der Mitarbeiterinnen deutlich niedriger.

Bemerkenswert ist dazu weiterhin, daß fehlende Zwei-Geschlechtlichkeit in Teams in Projekten mit ausschließlich männlichen Mitarbeitern als sehr problematisch begriffen wird, während die Besetzung nur mit Frauen dort zumeist als nicht oder kaum problematisch gilt. Probleme werden hier - und das sicherlich nicht von ungefähr - am ehesten den Mädchen in den Cliquen gegenüber gesehen, der Teilgruppe, die auch sonst bislang viel zu wenig Beachtung findet. Diese Feststellung wirft - wie im Kapitel zum Sexismus (Kapitel II, 4.3) angesprochen - unmittelbar die Frage nach der Reflexion eigener Rollenbeschreibungen, Traditionen und Klischees auf Seiten der Projektmitarbeiterinnen wie -mitarbeiter auf.

Den Einstieg in die Projektarbeit finden die meisten MitarbeiterInnen durch

Annahme von Stellenangeboten. Dabei spielen Überlegungen zu diesem Arbeitsfeld wie Bestrebungen nach beruflicher Tätigkeit und Existenzsicherung eine zentrale Rolle. Letztlich geht es in der Konsequenz aber den meisten, die über Stellenangebote zu dieser Tätigkeit kommen, genauso wie den allermeisten anderen in diesem Arbeitsfeld Tätigen: Sie rutschen nämlich 'so irgendwie' hinein, ohne sich darauf eigentlich vorbereitet zu haben, darauf hingesteuert zu haben. 'Irgendwie' wurden fast alle in diesem Bereich Beschäftigten relativ unverhofft mit der Frage konfrontiert, ob sie mit dieser Zielgruppe zu arbeiten bereit seien: die einen durch Stellenangebote, andere über Aktivitäten im Studium, wieder andere über selbstdurchlebte Auseinandersetzungen und Konflikte im Stadtteil, im Stadion, in der Einrichtung oder in der politischen Arbeit.

»Irgendwann wurden wir in unserer Arbeit mit dieser Gruppe konfrontiert. Und da mußtest du dich entscheiden: Machst du das oder machst du das nicht?«

2. Exkurs
Sabine Behn/Helmut Heitmann: Jugendarbeit in den neuen Ländern - Jugendarbeit als Gewaltprävention

Die Themen Jugend und Gewalt, Jugend und Rechtsextremismus sind seit Monaten in der öffentlichen Diskussion. Jugendliche werden als Problemfall, gar als Risikofaktor diskutiert. Und in der Tat scheint das Klima härter geworden zu sein. Gewalttätige Auseinandersetzungen zwischen Jugendcliquen, Überfälle auf ausländische Bürger, Brandanschläge auf Heime für Asylsuchende: kurzum, entgrenzte Gewalt, die immer häufiger auch völlig Unbeteiligte trifft, gehört zunehmend zum Alltag. Das Gefühl allgemeiner Gefährdung greift um sich. Diffuse Ängste hinterlassen Gefühle der Ohnmacht. Starke Reaktionen, oft repressiver Natur, werden eingefordert und inzwischen auch umgesetzt.

Ebenso ist Jugendarbeit aufgefordert, hierauf zu reagieren. In diesem Kontext ist ein Paradoxon festzustellen: Nach Jahren öffentlichen Desinteresses sieht sich Jugendarbeit erstmalig wieder aufgewertet. Finanzmittel werden in Aussicht gestellt, Projekte aus der Taufe gehoben, Sozialarbeiter um Rat und Einschätzung gebeten. Zugleich gerät die Arbeit unter starken Legitimationsdruck, werden Erwartungen geschürt, werden Stimmen laut, die die Jugendarbeit auf die Übernahme gesellschaftlicher Ausfallbürgschaften drängen. Jugendarbeit gerät damit in die Gefahr, zu sehr in der Nähe zu sicherheitstechnischen und ordnungspolitischen Kontexten diskutiert zu werden und damit den Handlungsbedarf in Politik und anderen gesellschaftlichen Bereichen zu verschleiern.

Andererseits wird deutlich, daß das Erfahrungswissen an Modellen zum Umgang mit sogenannten gewaltbereiten und rechtsorientierten Jugendlichen auch in den alten Ländern rar ist. Der Umgang mit entsprechenden Szenen galt als problematisch, versprach wenig Akzeptanz, war kaum präsentierbar. Heftige, Körperlichkeit betonende Kommunikations- und Konfliktformen irritierten. Projekte, die solche Szenen explizit als ihre Adressaten beschrieben, beispielsweise die Fan-Projekte, besaßen eher Ausnahmestatus.

Diese Situation ist nicht losgelöst zu sehen von den Entwicklungen der letzten Jahre in der Jugend- und Sozialarbeit insgesamt. Dieses Berufsfeld hat in den 80er Jahren stark an Attraktivität eingebüßt. Jugendarbeit als Qualifikationsprofil ist auch in den Ausbildungsstätten immer weniger Thema.

Die Situation in den neuen Ländern stellt sich dagegen ein wenig anders da. Herkunft und Geschichte sind andere. Jugendarbeit steht nach wie vor auf mehr als schwachen Füßen. Neue Strukturen sind wenig ausgebildet; Finanzmittel sind knapp. Hinzu kommt im Kontext der Gewaltdebatte eine hohe Erwartungshaltung bei unsicherer Perspektive. Dazu gesellt sich das belastende Erbe der FDJ-Vergangenheit.

2.1 Jugendarbeit in Zeiten der Wende

Jugendarbeit in der DDR assoziiert nach wie vor eine von Partei, Staat und FDJ dominierte, instrumentalisierte und manipulierte Arbeit. Blauhemden und Massenaufmärsche dominieren die Vorstellungswelten. Ohne Zweifel bestand der Auftrag der FDJ darin, alle oder doch einen Großteil der Jugendlichen zu erreichen und sie sukzessive für die Interessen von Verband und Partei zu instrumentalisieren. »Jugend wurde als ein durch Erziehung und Mobilisierung zu verarbeitendes Innovations- und Fortschrittspotential einer Gesellschaft verstanden, die sich wähnte, den Kommunismus aufzubauen« (Seidenstücker 1992, S.18). Dieses 'Innovationspotential' stand aber auch in einem deutlich vorgezeichneten Rahmen von Vereinnahmung, Reglementierung, Ausgrenzung bei Unbotmäßigkeit. Differenzierungsprozesse und aufkeimendes Eigenbewußtsein bei Jugendlichen erregten durchgängig Argwohn. Offizielles Ziel war eine allumfassende und 'harmonische' Integration in die sozialistische Gesellschaftsform. Jugend wurde mithin zum Objekt gemacht.

Doch unterhalb dieser Vorgaben, jenseits formeller Pflichterfüllung, boten Jugendklubs Angebote, die attraktiv waren und Zulauf hatten, die auch von den Heranwachsenden als ein Stück Wertschätzung für sie interpretiert wurden. Ihre Arbeit kann nicht durch die Schwarz-Weiß-Brille gesehen werden. Ihre Bedeutung als Versorgungseinrichtung für Kinder und Jugendliche im lokalen Umfeld sollte differenziert und angemessen beurteilt werden, das heißt: Betrachtung ihrer Bedeutung und Attraktivität wie auch kritische Hinterfragung beispielsweise ihrer Einbindung, ihrer programmatischen Anlagen und der Qualifizierung von Mitarbeitern.

Jugendklubs sahen sich häufig auf der 'Kulturstrecke' angesiedelt. Ihr Konzept war angebotsorientiert. Sozialarbeit im Verständnis der westlichen Bundesländer existierte so nicht. Vor dem Hintergrund eines im Vergleich zur Bundesrepublik erheblich reduzierten Freizeitmarktes deckten die Klubs beispielsweise auch die jedoch regional sehr unterschiedliche Palette von Kino, Diskothek, Café, Sportangeboten, Kleinkunst, Lesungen, Konzerten, bis hin zu handwerklich oder künstlerisch orientierten Neigungsgruppen ab. Angesichts dieses Veranstaltungskanons mögen sich Mitarbeiter tendenziell als eine Art Kulturmanager empfunden haben. Der Zuspruch war groß. Weit mehr als die Hälfte aller Jugendlichen galten mehr oder weniger als Besucher der Jugendklubs. Einen eher schweren Stand unter ihnen hatten allerdings nonkonforme oder suspekte Szenen.

Mit der Wende kam die Neuorientierung und mehrheitlich die Zuordnung zum Jugendamt. Dieser Umstand stieß nicht überall auf Gegenliebe. Insbesondere in den größeren Städten orientierten sich einige Klubs auf den kommerziellen und kulturellen Bereich. Für viele brachte die Zeit nach der Wende allerdings das Aus. Häuser wurden geschlossen, weil Eigentumsverhältnisse ungeklärt waren, Betriebe sie als unrentabel abstießen, schlichtweg das Geld fehlte oder der übrige Maßnahmenkatalog der Jugendhilfe in den Kommunen Vorrang genoß. Auch die 'Versozialarbeiterisierung' stieß auf Kritik. Der Vertrauensverlust in die eigenen Qualifikationen - Schätzungen gehen davon aus, daß mehr als die Hälfte der Mitarbeiter in den Klubs 'Laien' waren - und der Mangel an pädagogisch-methodischen Kompetenzen, gepaart mit minderen Eingruppierungen, reduzierten zusätzlich das Personal. Ein erklecklicher Teil der Jugendklubs ist heute verschwunden, insbesondere auf dem Lande. Vermutungen gehen von fast 50 Prozent und mehr aus. Aufenthaltsorte, Freiräume, Begegnungsstätten, Experimentierfelder für Jugendlichen fehlen nunmehr.

Jugendarbeit in den neuen Ländern steckt somit in einem mehrfachen Dilemma. Sie

- hat sich dem Stigma des FDJ-Erbes zu erwehren,

- bleibt zu häufig reduziert auf ein Randdasein im Jugendhilfekanon,

- muß sich in der Umbruchsituation mit ständig neuen Problemstellungen auseinandersetzen,

- benötigt Qualifikation,

- sieht sich in bezug auf ihre Profession und Qualifikation bisher noch zu wenig anerkannt,

- ist von personeller Auszehrung bedroht.

Gerade in dieser Situation gerät Jugendarbeit im Zusammenhang mit der

Diskussion über gewaltbereite und rechtsorientierte Jugendliche in die öffentliche Debatte. Hoffnungen werden an die Arbeit geknüpft, große Erwartungen geschürt. Und gleichzeitig gilt Jugendarbeit vielerorts noch als 'Luxus'. Andere Leistungsaufgaben der Jugendhilfe haben Vorrang. Jugendarbeit mangelt es also einerseits an perspektivischer Absicherung. Andererseits hat sie eine öffentliche Resonanz wie seit Jahren nicht mehr. In einer Zeit der Neustrukturierung stellt sich die Konfrontation mit dem ebenso schwierigen wie sensiblen Thema 'Jugendgewalt' und die gleichzeitige Verhandlung um die zukünftige Struktur von Jugendarbeit insgesamt als besondere Schwierigkeit dar. Hinzu kommt die Gefahr, die auffälligen Jugendlichen zu stigmatisieren. Sozialarbeiterische Anstrengungen, die diese Zielgruppe gewissermaßen als randständig und defizitär vorführen, dürften am Nerv der Jugendlichen vorbeigehen.

Nichtsdestoweniger kann sich Jugendarbeit aus diesem Feld nicht zurückziehen. Sie hat eine durchaus konfliktschlichtende, entkrampfende, ja deeskalierende Funktion. Sie muß sich in diesem Kontext selbstkritisch fragen, ob der Anspruch der Offenheit für alle wirklich eingelöst wurde oder ob nicht mancherorts eine Beliebigkeit in der inhaltlichen Orientierung einzog. Jugendarbeit hat in diesem Feld unzweifelhaft Chancen. Oft sind Jugendarbeiter die letzten, die noch Kontakt zu gefährdeten Szenen halten und mehr als nur die Gewalttat, die Auffälligkeit oder die Defizite sehen. Jugendarbeit hat jedoch auch Grenzen. Und der Aufbau hybrider Erwartungshorizonte wendet sich letztendlich womöglich gegen die Akteure selber.

2.2 Jugendarbeit braucht Perspektive und Geduld

Geboten erscheint eine Jugendarbeit, die sich des Rahmens ihrer Möglichkeiten bewußt ist. Dazu zwölf Anmerkungen:

1. Jugendarbeit sollte sich Klarheit darüber verschaffen, daß Jugendliche staatlichen Institutionen und Politik mit großer Skepsis begegnen und auch Jugend- und Sozialarbeiter zunächst eher mißtrauisch beäugen. Moralisierungen, gar Domestizierungen oder 'Therapeutisierungen' durch Pädagogen dürften auf wenig Gegenliebe stoßen. Persönliches Engagement, Offenheit - auch hinsichtlich der eigenen Biographie -, Interesse und Neugier - auch an kruden wie heiklen Szenen -, viel Geduld beim Zuhören, Konfliktbereitschaft im Sinne von Position beziehen und Kontinuität werden den Zugang erleichtern. Vieles von dem ist nicht einfach anzuprofessionalisieren. Vieles bedarf der Aufarbeitung und Reflexion in einer qualifizierten Praxisbetreuung.

2. Jugendarbeit sollte auf die Jugendlichen zugehen, sich nicht verschanzen, sich für deren unmittelbaren Lebensalltag interessieren, Räume offen halten, sich in kommunale Entscheidungsprozesse einmischen, mit demo-

kratischen Beteiligungsformen im lokalpolitischen Bereich experimentieren. Sie sollte im Rahmen von mobiler Jugendarbeit begleiten können, dabei aber bedenken, daß die jugendarbeiterische Verästelung in den Lebensalltagen beileibe nicht frei von Zudringlichkeiten ist.

3. Jugendarbeit, die Perspektive vermitteln möchte, braucht selber Perspektive und Unterstützung. Insbesondere der viel diskutierte Ansatz der Strassensozialarbeit benötigt Hintergrundeinrichtungen, die Kooperation mit Beratungseinrichtungen und Jugendklubs. Straßensozialarbeit kann nicht als billiger Ersatz für womöglich kostenträchtigere Jugendeinrichtungen dienen. Sie ist auf die Einbindung in ein Netzwerk von Hilfeorten angewiesen; sie benötigt vor allem - will sie Wirkung zeigen - Langfristigkeit. Straßensozialarbeit und ihre Wirksamkeit in Abstimmung mit ABM-Verträgen zu bringen ist kontraproduktiv, mancherorts geradezu fahrlässig.

4. Jugendarbeit mit 'schwierigen' Jugendlichen erfordert Geduld und Vertrauen und die Rückendeckung vor Ort. Es ist zuweilen eine 'peinliche' Arbeit, die über einen starken Träger verfügen sollte. Stigmatisierungen der Adressaten übertragen sich womöglich auf die Jugendarbeiter. Anfeindungen im eigenen Berufsstand bleiben nicht aus. In diesem Kontext gehört auch die in jüngster Zeit geführte Diskussion, die gegenüber Sozialarbeit mit rechtsorientierten Jugendlichen prinzipielle Vorbehalte äußert, sie gar als 'Belohnung' für deren Tun ansieht. Vorwürfe dieser Art sollten durchaus ernst genommen, auch als Anregung kritischer Reflexion eigener Tätigkeiten genutzt werden. Sie provozieren, mit entsprechender Polemik formuliert, allerdings auch eine künstliche Polarisation und übersehen geradezu den Kern und die Bedeutung dieser Arbeit.

5. Jugendarbeit muß spannend und attraktiv gestaltet werden. Angebote, die auf Körperlichkeit, Emotionalität und Affektivität setzen, lassen sich in dem Kontext fortentwickeln. Formen der Erlebnis- und Abenteuerpädagogik sprechen einen Kreis von Jugendlichen an, der an traditionellen Angeboten vorbeivagabundiert, Desinteresse signalisiert. Es geht um ein Erleben der Dinge, die Unmittelbarkeit der Aktion. Der Bezug zum Alltag sollte jedoch erhalten bleiben. Sonst könnte aus dem Medium der Erlebnis- und Abenteuerpädagogik womöglich eine 'Droge' auf Dauer mit wenig Gebrauchswert für's alltägliche Leben werden.

6. Jugendarbeit muß von geschlechtsspezifischen Ansätzen ausgehen. Jugendgewalt heißt immer noch vorrangig Jungengewalt. Dennoch sind Mädchen und Frauen nicht nur Opfer von Gewalt. Auch Mädchen üben Gewalt aus. Diese äußert sich jedoch anders als die von Jungen ausgehende. Hier ansetzende Jugendarbeit muß ebenso Mädchen- als auch Jungenarbeit bedeuten und traditionelle Rollenklischees hinterfragen.

7. Benötigt wird auch eine Arbeit mit Jüngeren. Von etlichen Übergriffen, auch auf Asylbewerberheime, ist bekannt, daß sich zunehmend Kinder im Alter von 12, 13 Jahren beteiligten. Gerade diese Gruppe scheint nach der Wende in ein Loch zu fallen. Für sie stehen wenig Angebote bereit. Ihr Tun findet wenig Widerhall. Ihr Alltag ist geradezu im Zeitraffer strukturlos geworden.

8. Jugendarbeit in hochgradig konfliktbesetzten Feldern benötigt eine Form psychosozialer Betreuung. Projektionen, Distanzverluste gegenüber dem Klientel, die Neigung, just in einem schwierigen wie unübersichtlichen Arbeitsfeld regelrechte FanKlubs um sich zu scharen, sich mithin selber zu bespiegeln, die Trübung des Blickes für die objektive Situation, all das sind Phänomene, die nach qualifizierter Praxisbetreuung rufen. Ansonsten würde schon bald ein 'Ausbrennen' der Mitarbeiter drohen. Dabei sind Formen der Supervision in den neuen Ländern noch kaum bekannt. Überdies bedarf das Tun und Engagement vieler Jugendarbeiter einer adäquaten Honorierung bzw. (berufsbegleitenden) Qualifizierung. Entsprechend sollten Ausbildungs- und Studienplätze zur Verfügung gestellt, Brückenkurse angeboten werden, auf die Praxiserfahrungen angemessen angerechnet werden können.

Grundsätzlich bedarf das Berufsbild einer Aufwertung. Die mancherorts existierende Vorstellung, daß eine Art verfeinerte Alltagspädagogik ausreichend wäre, ist fehl am Platze.

9. Der Erwerb von Kompetenzen zielt auch auf ein Interpretieren und Erklären von auffälligen Jugendszenen. Jugendarbeit hat weit mehr als früher 'Übersetzungsaufgaben' wahrzunehmen, der Öffentlichkeit Deutungsmuster an die Hand zu geben. Das gilt insbesondere vor dem Hintergrund einer Gesellschaftsform in der DDR, die sich als homogen verstand, in der Abweichung mit Sanktionierung bedroht war, in der Randgruppen offiziell nicht existierten, in der Konflikte mit auffälligen nonkonformen Jugendszenen mit dem Terminus des Rowdytums zugedeckt wurden.

10. Erforderlich ist auch eine kritische Selbstreflexion hinsichtlich überkommener Antifaschismus-Strategien sowohl in Ost- als auch in Westdeutschland. Ritualienhafte Belehrungen, vereinfachende und alltagsferne Erklärungen der NS-Zeit, Anlaßveranstaltungen, die Vermeidung bestimmter heikler Themen, - die Methoden des 'verordneten Antifaschismus' aus der DDR-Zeit - helfen selten weiter, sind zuweilen kontraproduktiv. Sie ändern wenig, verschrecken eher, verhärten und überfordern. Einen Königsweg gibt es allerdings auch hier nicht. Der Umgang muß der lokalen Situation angemessen sein. Wichtig sind ein offener Umgang mit der Thematik, ein sensibles Zuhören, Geduld für Nachfragen, eine alltagsnahe Ursachenklärung, ein differenziertes Wissen um Argumentationsstränge in rechten Gedankengebäuden und die Ver-

meidung von Ausgrenzungen. Ohne die Gefahren verkennen zu wollen, muß man festhalten, daß Jugendliche sich auch in diesem Kontext in einer Entwicklungsphase befinden. Ihr Tun enthält zumeist vorübergehende Antworten. Der Prozeß bleibt offen.

11. Jugendarbeit ist auch Bildungsarbeit, die sich den Problemen der Ethnisierung sozialer Probleme und des Ethnozentrismus zuwenden sollte. Das bedeutet gerade auch eine Beschäftigung mit den Problemen in der Dritten Welt, mit Wanderungsbewegungen, mit Ausländerfeindlichkeit. Kontakte zu anderen Kulturen müssen vor dem Hintergrund eines staatlich proklamierten Internationalismus, der jedoch nicht gelebt werden konnte, sinnlich erfahrbar gemacht werden. Das bedeutet Reisen, Austausch, Begegnung. Unternehmungen bedürfen allerdings entsprechender Vorbereitung. Reisen sollten nicht zu 'Freilandversuchen' werden, die mit Exotik reizen und Vorurteilsstrukturen unter Umständen noch verfestigen.

12. Der Aufbau überzogener Erwartungshorizonte ist mehr als hinderlich in der Arbeit. Jugendarbeit hat im Rahmen ihrer Möglichkeiten ihre Aufgaben. Sie muß sich jedoch auch Grenzen eingestehen und Grenzen setzen. Das heißt zum einen im konkreten Umgang mit Jugendlichen die Festsetzung verbindlicher Grenzen, die nicht überschritten werden dürfen. Zum anderen bedeutet es, Grenzen zu setzen für die Reichweite der eigenen Arbeit. Das sollte jedoch nicht dazu führen, mit Verweisen auf die politischen und sozial-ökonomischen Verursachungskomplexe eigene Einflußnahmen aus dem Möglichkeitskanon hinwegzuargumentieren.

Zusammengefaßt muß festgehalten werden: Jugendarbeit in diesem Feld kommt einer Gratwanderung gleich. Unsicherheit im Arbeitsfeld, Unwissen über die Anerkennung von Qualifikationen, Fragen nach dem Selbstverständnis, Erfolgsdruck und oftmals die kurze Befristung der Arbeit kommen erschwerend hinzu.

Die Vorstellung, daß Jugend- und Jugendsozialarbeit eine allgemeine Aufgabe und Vorleistung der Gesellschaft für die nachkommende Generation ist, entwickelt sich nur langsam.

Die Auswahl ihrer Themen wie Adressaten ist dabei jedoch nicht jedweder Beliebigkeit anheim gestellt. Temporäre Schwerpunktsetzungen sind geboten und im lokalen Rahmen immer wieder neu auszuhandeln.

Dem Problemkomplex von Gewaltbereitschaft und Rechtsextremismus unter Jugendlichen gilt zur Zeit das Hauptaugenmerk. Bei aller Gefahr, auf eine reine Krisenintervention reduziert zu werden, weist die Bedeutung dieser Arbeit jedoch über dieses Problemfeld hinaus. Sie stützt allgemein die Bedeutung von Jugendarbeit in lokalpolitischen Zusammenhängen, forciert den Aufbau jugend- und sozialarbeiterischer Strukturen, sorgt für einen sensibleren Umgang mit der Thematik, befördert eine Fortentwicklung und Reflexion eingeschliffener, langjähriger Ansätze von Jugendarbeit. Deutlich wird dies auch bei den Projekten des Aktionsprogramms gegen Aggression und Gewalt, kurz AGAG genannt. Um von konkreten Ergebnissen zu sprechen, ist der jetzige Zeitpunkt noch zu früh. Eben genannte Tendenzen deuten sich jedoch an.

2.3 Ein Modellprogramm betritt Neuland

Das Aktionsprogramm gegen Aggression und Gewalt wurde im letzten Jahr vom Bundesministerium für Frauen und Jugend ins Leben gerufen. Es ist zunächst auf drei Jahre befristet. Unterstützt werden im Rahmen dieses Programms ca. 140 jugendarbeiterische Projekte in 30 ausgewählten Brennpunktregionen in den neuen Ländern, die zumeist bei freien Trägern angesiedelt sind. Adressaten sind gewaltgefährdete und gewaltbereite Jugendliche.

Hinsichtlich der Zielgruppe werden keine engen Grenzen gezogen, das Spektrum ist relativ weit. Gleiches gilt für die Breite der Ansätze und Angebote. Die Maßnahmen reichen von Angeboten des Betreuten Wohnens, Fan-Projekten, Arbeit in Jugendfreizeitheimen, Mädchenprojekten, Stadtteilarbeit, mobilen Beratungsansätzen, Erlebnisfahrten und internationalen Jugendbegegnungen bis hin zu arbeitsorientierten Maßnahmen und sozialen Trainingskursen sowie Täter-Opfer-Ausgleich bei straffällig gewordenen Jugendlichen. Eine Selbstdarstellung dieser Projekte ist in dem Informationsdienst des Aktionsprogramms erschienen (Informationsdienst AGAG 1/1992).

Programmatisches Ziel der Arbeit ist es, Jugendlichen Erfahrungsräume zu ermöglichen und offen zu halten, in denen sie alternative Anregungen zur Lebensgestaltung finden und erproben können und die Möglichkeit eines gewaltfreien Miteinanders erleben (vgl. Kreft/Löhr 1992, S.10). Stigmatisierungsprozesse sollen in der Arbeit tunlichst vermieden bzw. umgekehrt werden. Die Projektarbeit ist lebensfeldorientiert. Es wird auf vorhandene Strukturen aufgebaut. Mit kommunalen Einrichtungen und Initiativen soll sich vernetzt, lokale Erfahrungsbestände sollen mit einbezogen werden (vgl. Fuchs 1992, S.8).[1]

Mit dem Programm wird in den neuen Ländern gewissermaßen Neuland betreten. Jugendarbeiterische Vorläufer gibt es nicht. Einschlägige Erfahrungen fehlen. Mithin sind im Programm neben der praktischen Arbeit vor Ort noch wei-

---

1   Daß Jugendarbeit mit gewaltbereiten Jugendlichen durchaus auch als problematisch empfunden wird, verdeutlichen auch schon mal Stimmen, die darauf hindeuten, daß bei sichtbarer Auseinandersetzung mit dieser Thematik auch Imageverlust in lokalen Zusammenhängen befürchtet wird. Oder es werden Mutmaßungen geäußert, die gefährdeten Jugendlichen aus der Umgebung werden durch die Arbeit angezogen und damit der Problemdruck erhöht.

115

tere Ebenen vorgesehen. Dazu zählen u.a. die Berater. Sie unterstützen die Projekte in Sachen Antragsverfahren und Finanzierung, beraten bei Trägerfragen und Konzeptionserstellung, stellen Kontakte zwischen den Projekten her, vermitteln solche zu Landesjugendämtern und Ministerien und beraten bei inhaltlichen Problemen. Pro Bundesland sind bis zu drei Berater im wahrsten Sinne des Wortes unterwegs. Träger der Berater sind renommierte Institute in den alten Bundesländern. Koordiniert wird das Programm vom Institut für Sozialarbeit und Sozialpädagogik in Frankfurt/Main. Diese Einrichtung ist weiterhin - in Zusammenarbeit mit den Beratern - mit der Erstellung einer Verlaufsdokumentation befaßt. Ergebnisse werden in die Projektarbeit zurückgekoppelt und sollen der Verbesserung der Angebote dienen (vgl. Kreft/Löhr 1992, S. 12). Einem vergleichbaren Zweck dient die Zusammenstellung und Herausgabe von Materialbänden, u.a. zum Themenfeld wissenschaftlicher Erklärungen, vorhandener Literatur und schriftlich fixierter Praxiserfahrungen zum Thema.

Über die Projekte selber, ihre Inhalte und Konzeptionen, sowie über den Fortlauf der Arbeit, interessante Ansätze, Probleme, neu erschienene Literatur u.a. berichtet ein vierteljährlich erscheinender Informationsdienst. Herausgegeben wird diese Publikation - wie auch die Materialbände - vom ISS in Zusammenarbeit mit dem Informations-, Forschungs- und Fortbildungsdienst Jugendgewaltprävention (IFFJ). Träger des IFFJ ist der Verein für Kommunalwissenschaften in Berlin.

In der Hauptsache ist der IFFJ mit dem Angebot von Fortbildungsseminaren befaßt. Angeboten werden Veranstaltungen zu Themenkomplexen wie Rechtsextremismus, Umgang mit Gewalt und Straßensozialarbeit sowie Seminare zu ausgewählten Feldern der Jugend- und Sozialarbeit, darunter u.a. Betreutes Wohnen, Trebegänger, Betreuung von straffällig gewordenen Jugendlichen. Ein weiterer Bereich umfaßt Methoden kultureller Animation (z.B. Video, Graffiti, Sport- u. Erlebnispädagogik) und Seminare, die Grundkenntnisse der Projektarbeit vermitteln (Projektmanagement, Rechtsfragen, Finanzen). Realisiert werden die Seminare von gemischten Referententeams aus Ost und West. Weiterhin veranstaltet der IFFJ Tagungen und andere Fachveranstaltungen, die dem überregionalen Erfahrungsaustausch dienen.

Adressaten der Fortbildung sind zunächst Mitarbeiter in Projekten des Programms. In der Fortsetzung werden aber auch andere Interessierte aus den Bereichen Jugendhilfe und Bildung angesprochen. Auf diese Weise sollen Erfahrungen des Programms und der Projekte schnell einem großen Kreis von Interessierten zugänglich und nutzbar gemacht werden.

Das Programm ist in seiner Ausgestaltung sehr differenziert. Es hat aber auch seine Grenzen, handelt es sich doch bei der Gewaltproblematik nicht nur um spezifische Probleme von Jugendlichen.

Die Übermacht gesellschaflicher Prozesse und Strukturen setzt den jugendarbeiterischen und pädagogischen Bemühungen die Endmarke. Jugendarbeit ist immer wieder mit den Folgen sozio-ökonomischer Entwicklungen
konfroniert, agiert gewissermaßen in den gesellschaftliche Vor-Feldern.
Dort liegen ihre Chancen wie auch ihre Grenzen. Chancen, die nicht frühzeitig von überzogenen Ansprüchen und dem Druck öffentlichkeitswirksam
präsentierbarer Erfolge herabgesetzt werden sollten.

Jugendarbeit agiert prozeßhaft, will verstehen, verweist auf veränderbare Zusammenhänge, vermittelt, sensibilisiert, bringt Konfliktparteien ins Gespräch,
stützt den Dialog, schafft Alternativen - und das ist nicht wenig.

3. Projektskizzen - ein illustrierender Überblick

Da das Handlungsfeld 'Jugendarbeit in rechten Szenen' noch in den ersten Anfängen steckt, gibt es kaum nähere Vorstellungen darüber, was für eine Arbeit
in diesem Feld bislang geleistet wird und welche Organisationsformen und
Prinzipien dabei wichtig sind. Daher macht es Sinn, in Ergänzung zur Betrachtung der pädagogischen Konzepte und Handlungsmuster einen Überblick über
das breite Spektrum von Projekten und Herangehensweisen zu geben, das sich
auf der diesem Band zugrundeliegenden Fachtagung eingebracht hat.[1] Dabei
lassen sich hauptsächlich folgende Formen unterscheiden:

1. Projekte mit eigenen Einrichtungen
2. Projekte mit Räumlichkeiten in komplexeren Einrichtungen
3. Projekte mit ausschließlich aufsuchender Arbeit
4. Fußball-Fan-Projekte
5. Projektverbund

Das verbreitete Unterscheidungsmuster zwischen stationärer und aufsuchender Arbeit greift hier zu kurz, weil fast alle Projekte, die Einrichtungen
nutzen oder mitnutzen können, in aufsuchender Arbeit einen ganz wesentlichen Anteil sehen. Nur ein einziges Projekt versteht die Arbeit als einrich-
tungsbezogen.

---

[1] Um die Darstellung möglichst plastisch und griffig zu halten, wird dafür kein einheitli-
ches Schema zugrundegelegt, sondern dasjenige, was die Projektmitarbeiterinnen und
-mitarbeiter selbst in der Projektvorstellungsrunde zu Beginn der Tagung als wichtig
herausgehoben haben. Auch wird versucht, den erzählenden Stil mit seinen unterschiedlichen Schwerpunktsetzungen und Pointierungen der TeilnehmerInnen beizubehalten.
Dabei werden bewußt einige besonders plastische Schilderungen ausführlicher aufgegriffen, andere Projekte eher nur summarisch skizziert.

3.1 Projekte mit eigenen Einrichtungen

Eine Reihe von Projekten verfügen über eigene Einrichtungen, wobei das Spektrum solch eigenständig für Jugendarbeit in dieser Szene genutzten Räumlichkeiten von einem größeren Jugendhaus über ein Einfamilienhaus, eine Wohnung in einem vornehmlich von Ausländern bewohnten Mietshaus oder der Nutzung zweier ehemaliger Klassenräume in einem Mobilbau bis hin zu einem Bauwagen auf einem Bolzplatz reicht:

Rostock: Jugendhaus

Nachdem auch in Rostock in der Wendezeit die meisten Einrichtungen für Jugendarbeit den Bach runtergangen sind, existieren im Augenblick noch vierzehn Häuser. Davon verwaltet das Kulturamt zwölf und das Jugendamt zwei.

»Wir sind aber das erste Haus in Rostock, das sich eigentlich für alle Jugendlichen öffnen wollte. Nach der Eröffnung im September 1991 hatten wir natürlich große Pläne, wie wir diese Arbeit gestalten wollten. Aber wir sind von der Entwicklung überrannt worden, indem Jugendliche einer ganz bestimmten Szene zu uns kamen: das war die Skinhead-Szene. Erst haben wir das als Rückschlag empfunden. Denn die, die wir eigentlich erreichen wollten, kamen nicht. Und da gab's für uns eigentlich zwei Möglichkeiten. Entweder sagen wir als Sozialarbeiter: 'Nee, das packen wir nicht, damit möchte ich nichts zu tun haben!' Oder wir stellen uns dieser Anforderung.«

»Es hat dann 1/4 Jahr gedauert, sich langsam abzutasten und überhaupt mal etwas kennenzulernen. Das meiste lief eigentlich an der Theke ab und beschränkte sich auf belanglose Gespräche. Dabei wurden wir natürlich auch ausgetestet, was wir hinnehmen und akzeptieren, wo wir einschreiten, ob wir uns provozieren lassen usw.. - Und als wir dann allmählich ins Gespräch kamen, zeigte sich, daß sie eigentlich vor allem unter sich sein wollten, sich hier treffen wollten. Erst allmählich ist daraus mehr geworden. Und dann lief etliches bei uns ähnlich wie in anderen Orten auch: Die Jugendlichen suchten Geselligkeiten in unserem Haus, sie organisierten ihre Veranstaltungen, sie machten ihre Konzerte, sie hatten ihre eigene Szene-Band hier. Und wir nutzten unsere Kontakte zum Sozialamt, zum Arbeitsamt, zum Berufsinformationszentrum usw., um den Einzelnen zu helfen. Wir haben dann mit ihnen gemeinsam das Objekt ausgestaltet, eingerichtet, weitere Freizeitmöglichkeiten geschaffen, so daß sie dieses Haus, diesen Jugendtreff als Freizeittreff für sich in Anspruch nehmen konnten.«

»Am Montag, den 24.8., dem dritten Tag der Rostocker Krawalle, ist unser Haus abgebrannt worden. Es wurden in das Haus Brandsätze reingeschmissen, wovon zwei gezündet haben. Das ganze Haus wurde verwüstet. Das Haus ist zwar noch nutzbar als Immobilie: Aber wir haben innen nichts mehr. An dem Punkt stehen wir jetzt. Und wir stehen vor der Frage, ob wir

angesichts all der Gewalt so weitermachen können wie bisher.«
(Inzwischen - Dezember 1992 - steht das Haus kurz vor der Wiedereröffnung, nachdem es mit Hilfe der Jugendlichen renoviert worden ist.)

Lilienthal: Streetwork

»Vor gut drei Jahren sind wir in Lilienthal bei Bremen zu zweit für Streetwork eingestellt worden. Anlaß war, daß sich eine radikale Gruppe von etwa 15 Personen gebildet hatte, die den Ort in einige Unruhe versetzte. Der Anlaß zur Schaffung unserer Stellen ist also gewesen, mit den Problemen, die die Jugendlichen machen, fertigzuwerden. Das hieß konkret, wir sollten dem Ort wieder Ruhe verschaffen. Dazu wurde uns von der Gemeinde, die der Träger dieser Stellen ist, ein ehemaliges Hausmeisterhaus, ein Einfamilienhaus, zur Verfügung gestellt.«
»Wir haben dann auf Spielplätzen, wo die Jugendlichen sich zum Saufen und Randalieren trafen, mit ihnen Kontakt aufgenommen. Dann sind sie in dieses Haus gekommen. Und es hat sich als sehr positiv erwiesen, daß dieses Haus ihnen einen Freiraum bot. Hier konnten sie auch über mehrere Stunden unbeaufsichtigt sein. Gerade in den Anfängen haben wir es tunlichst vermieden, sie pädagogisch zu betreuen, sondern waren schlicht da, haben sie auch saufen lassen - und wenn's zu Randale kam, dann spielte sich die eigentlich nie im Haus selber ab, sondern vielmehr außerhalb. Und nur dadurch, daß wir ihnen diesen Freiraum zur Verfügung gestellt haben, haben wir zu ihnen auch nähere Kontakte knüpfen können. Dann sprachen sie auch über ihre Probleme, also z.B. über Arbeitslosigkeit oder prügelnde Eltern und dergleichen mehr. Und in individuellen Beratungsgesprächen haben wir auch immer wieder ein Stück helfen können.«
»Hin und wieder mündet ihre Action, die sie veranstalten, auch in Gewalt. Und auch darüber sprechen sie mit uns, darüber, was sie wollen und warum sie das tun. Und sie relativieren ihre Haltung insofern, als daß die uns fragen: 'Sag mal, wie seht Ihr das eigentlich? Ist das in Ordnung, was wir machen, oder nicht?' - Also, insofern kann man sagen, daß unsere Arbeit die Szene nicht aus der Welt geschaffen, aber doch ein Zugang zu diesen Jugendlichen aufgebaut hat.«

Ludwigsburg: Mobile Jugendarbeit

Die Mobile Jugendarbeit im Landkreis Ludwigsburg besteht seit dem 1.6.1991. Träger ist der Landkreis. Anfänglich ging es darum, sich einen Überblick zu verschaffen über das rechtsextreme Spektrum im Kreisgebiet und zu entsprechenden Gruppierungen erste Kontakte aufzunehmen. Im Dezember 1991 wurde dann von der Stadt eine 4-Zimmer-Wohnung in einem Haus zur Verfügung gestellt, das ansonsten von türkischen Familien bewohnt ist. Sechs wegen rechtsextremistischer Gewalttaten verurteilte Jugendliche mußten als Arbeitsauflagen des Gerichts bei der Herrichtung der Räume helfen. Dadurch konnten gleichzeitig intensivere Kontakte zu ihnen aufgebaut werden, und über sie auch zur breiteren Szene. Allerdings konzentrierte sich diese Kontaktaufnahme weithin auf die Straße und Kneipen. Die Hemmschwelle zum Betreten der Wohnung war zunächst außerordentlich hoch. Erst die Einladung zu einem Interview mit einer Rundfunk-Redakteurin brachte den Durchbruch. Es kamen 35 Leute.

Heute ist die Wohnung an zwei Abenden pro Woche als Treffpunkt geöffnet. Einmal pro Woche wird dort gekocht. Es kommen Skinheads und Hooligans im Alter zwischen 16 und 26 Jahren. Daneben ist aber der Kontakt auf der Straße ein wichtiger Bestandteil der Arbeit geblieben, insbesondere zu Jugendlichen, die das Treffangebot nicht wahrnehmen. Und die Einzelfallhilfe nimmt eine immer größere Bedeutung an.

Bremen: Jugendclub

»Seit Ende 1988 betreuen wir auf dem Gelände eines Bürger- und Sozialzentrums in Bremen, zu dem die unterschiedlichsten Sozial-, Freizeit-, und Kultureinrichtungen gehören, einen Jugendclub, den wir seinerzeit mit einer größeren Clique rechter Jugendlicher aufgebaut haben. Zunächst hatten wir dafür einen ehemaligen Klassenraum zur Verfügung, später einen zweiten, der speziell u.a. als Musikübungsraum dient.«

Die Jugendlichen verstehen sich vornehmlich als Skinheads und Hooligans. Sie waren in dem Stadtteil seit langem immens auffällig, hatten ihn teilweise in Angst und Schrecken versetzt. Und gleichzeitig versuchte diese Clique immer wieder, irgendwo einen Raum als Treffpunkt zu bekommen. Sie wurden aber immer wieder hingehalten, vom Jugendamt, vom Trägerverein, vom Ortsamt und anderen.

»Schließlich haben wir uns, die wir dort damals im Rahmen eines Studienprojektes arbeiteten, zu zweit bereiterklärt, diese Clique zu betreuen, wenn sie dann einen Raum erhalten würde. So entstand das Projekt.«

Inzwischen hat sich viel verändert. Die Jugendlichen organisieren und verwalten ihren Treffpunkt in hohem Maße selbst und haben es geschafft, daß Schlägereien und Alkoholexzesse dort so gut wie nicht mehr vorkommen. Und zur Umgebung, nicht zuletzt zu einer Schwerstbehinderteneinrichtung unmittelbar gegenüber, ist längst ein gutnachbarschaftliches Verhältnis entstanden. Ab 1.Oktober wird diese Arbeit endlich auch hauptamtlich - wenn auch erst mal nur auf ABM-Basis - fortgeführt werden können und soll dann auch auf andere Szenen im Stadtteil und auf lebensweltorientierte Aktivitäten ausgeweitet werden. (In der Nacht nach Ende der zugrundeliegenden Fachtagung brannte der Jugendclub - aus noch ungeklärten Gründen - völlig ab. Ersatzräumlichkeiten sind bis heute nicht gefunden, sodaß die Arbeit momentan auschließlich als aufsuchende Arbeit stattfinden kann.)

Landkreis Göttingen: Projekt Rosdorf

»Rosdorf liegt 4km außerhalb von Göttingen. Hier geschah in der Silvesternacht 1990/91 der Mord an Alexander Selchow. Das war sozusagen der Höhepunkt der Terroraktivitäten dieser Silvesternacht mit insgesamt einem Toten und drei lebensgefährlich Verletzten. Deshalb wurde hier, allerdings aus bürokratischen Gründen erst 1 1/2 Jahre später, unser Projekt eingerichtet, ein Projekt aufsuchender Arbeit. Eine Kollegin und ich arbeiten dort seit Mai dieses Jahres und ein weiterer Kollege seit September.«

Die Trägerschaft teilen sich die Gemeinde Rosdorf und der Landkreis Göttingen. Alle Stellen sind nicht abgesichert. Eine ist über ABM und zwei sind über § 19 BSHG finanziert. In Rosdorf, einem Ort mit insgesamt vielleicht 10.000 Menschen, hatte es - ähnlich wie an vielen anderen Orten - seit langem eine Ausgrenzung der rechten Szene aus dem Jugendzentrum und aus anderen Jugendräumen gegeben. Im Prinzip war schon seit über zwei Jahren der Kontakt der Jugendarbeit zu dieser Szene völlig abgerissen. Und die Aufgabe war nun zu allererst, diesen Kontakt wiederherzustellen.

»Wir sind dann in so einem Bunkerviertel mit einer Clique in Kontakt gekommen, zu der insgesamt etwa 20 Jugendliche im breitgefächerten Altersspektrum zwischen 13 und 20 Jahren gehörten. Die meisten von ihnen sind allerdings 14, 15 Jahre, 80 bis 90% Jungen, vorwiegend Hauptschulabsolventen. Sie hören alle Fascho-Musik und bezeichnen sich als Rechtsradikale. Ich würde sie aber nicht als ganz harte Rechte einschätzen. Einige der Älteren allerdings waren schon mal härter in jener Szene drin. Zum Teil gibt es auch Überschneidungen zur Hooligan-Szene in der Stadt. Wichtigstes Arbeitsfeld ist für uns, daß wir mit ihnen freie Zeit verbringen. Auf der Suche nach einem Treffpunkt haben wir mit den Jugendlichen einen Bauwagen besorgt und hergerichtet, für den sie dann auch selbst Schlüssel haben. Wir haben eine Paddeltour veranstaltet, fahren demnächst nach Hamburg usw.. Es gibt auch Fragmente von politischen Diskussionen, Diskussionen um ihr Draufsein, um ihre Verhaltensweisen, im weitesten Sinne Lebenshilfe-Diskussionen - oder Ratschläge, was Schule angeht, Beziehungen, Eltern usw..«

3.2 Projekte mit Räumlichkeiten in komplexeren Einrichtungen

Eine Reihe von weiteren Projekten stützen ihre Arbeit wesentlich darauf, daß sie innerhalb komplexerer, größerer Einrichtungen über einen eigenen Raum verfügen oder derartige Räume zu festen Zeiten nutzen können. Das Spektrum erstreckt sich von einer Einrichtung, die sich gleichzeitig an verschiedene Jugendszenen wendet, einer Erwachseneneinrichtung mit einem Jugendraum, Einrichtungen mit fest terminierten Raumnutzungsmöglichkeiten für Arbeit mit rechten Cliquen bis hin zur mehr oder weniger geduldeten Mitnutzung des offenen Bereichs eines Jugendfreizeitheims.

Berlin-Lichtenberg: Projekt der Sportjugend

Vor 2 Jahren wurde das Projekt für Sport und Jugendsozialarbeit am Bahnhof Lichtenberg in Berlin ins Leben gerufen. Die Anschubfinanzierung erfolgte noch durch das Sportministerum der DDR. Träger ist die Sportjugend. *»Wir haben ein festes Haus, direkt in der Nähe vom Bahnhof Lichtenberg. Und wer den Bahnhof Lichtenberg kennt, weiß, daß da viele Fernzüge ankommen, vor 1 1/2 bis 2 Jahren auch viele Rumänenzüge. Und daneben gibt es eine bekannte Skingaststätte.«*

»Dahin bin ich dann mal gegangen, das erste Mal vorsichtshalber mit einem Polizisten, der sich da auskannte. Und da bin ich dann regelmäßig einmal in der Woche hin, um zu diesen Jugendlichen Kontakt zu finden. Ich habe ihnen dann angeboten, einmal in der Woche in eine Turnhalle zum Sportmachen zu fahren. Und darauf sind sie auch gleich unheimlich angesprungen.«

»Und das Vertrauensverhältnis war eigentlich erstaunlicherweise in ganz kurzer Zeit geschaffen. Sie haben mich natürlich auch ein bißchen getestet, weil ja auch der Polizist dabeigewesen war. Aber sie haben dann ganz schnell rausbekommen, daß ich mit der Polizei nichts zu tun habe. Und so ging die Arbeit weiter, bis sie dann irgendwann auch zu uns ins Haus gekommen sind, wo es auch sogenannte Linke und Rechte gibt. - Also, eigentlich kann ich die Worte links und rechts nicht mehr hören. - Auf jeden Fall hab ich meine Arbeit eigentlich nicht angefangen, weil sie rechts sind, sondern weil sie Alltagsprobleme haben. Und die Alltagsprobleme, dachte ich, kannst du vielleicht lösen. Und ich hab sie auch bei vielen schon gelöst. Also, wenn im Ostteil der Stadt so eine Glatze mit ihrem Aussehen, tätowiert usw., zu den Beamten kommen oder zur Wohnungsbaugesellschaft, dann fällt natürlich der Schotten von der Beamtin runter.«

»Aber es ist natürlich ganz schön kräfteaufreibend, mit den Leuten zu arbeiten. Und eigentlich wollen sie mich auch ganz allein haben. Am liebsten sollte ich mit der Familie dort hinkommen, und zu irgendeinem Geburtstag kann mein Mann auch mitkommen. Oder noch lieber würden sie zu mir nach Hause kommen.«

Bremen: Jugendraum im Bürgerhaus

»Wir waren seinerzeit in dem Studienprojekt, aus dem der erwähnte Jugendclub entstand, und haben Anfang 1989 in einem anderen Stadtteil ein Praktikum in einem Bürgerhaus abgeleistet, das vorwiegend von Erwachsenen

genutzt wird. Dort wurden wir damit konfrontiert, daß gerade in dieser Zeit eine rechte Jugendclique auftauchte, die sich den fast ungenutzten Jugendraum als Treffpunkt aneignen wollte. Die Jugendlichen bezeichneten sich selbst als Hooligans, Skinheads oder Bad Boys. Die Mitarbeiter der Einrichtung wollten diese Jugendlichen ausgrenzen, da sie zu viel Unruhe ins Haus brächten. 'Im übrigen können wir doch keine Nazis ins Haus lassen' hieß es. Wir beiden Praktikantinnen haben dagegengehalten und uns für das Recht der Jugendlichen eingesetzt, auch irgendwo geduldet zu werden. Schließlich wurde die Alternative formuliert: 'Entweder arbeitet ihr auf Honorarbasis weiter mit diesen Jugendlichen - oder sie müssen raus.' Das haben wir dann bis zum Oktober letzten Jahres gemacht, als unser Anerkennungsjahr begann und wir deshalb dort aufhören mußten. Dann hat jemand anders dort weitermachen sollen. Aber den Wechsel haben die Jugendlichen nicht akzeptiert. Dann sind sie weggeblieben.«

»Wir waren in der Zeit regelmäßig an zwei Abenden in der Woche da, an denen dann die Jugendlichen den Raum nutzen konnten. Anfangs hatten wir vornehmlich damit zu tun, diese Raumnutzung nach außen hin zu verteidigen. Und ansonsten bestand unsere Arbeit primär im Einfach-Da-Sein, Zuhören, sich durch das Da-Sein Anbieten für nähere Kontakte und zunehmende Einzelgespräche. Unsere Versuche, Aktivitäten anzubieten oder zu organisieren, prallten dagegen an ihnen fast völlig ab - abgesehen von einer Wochenendfahrt zum Beispiel.«

Delmenhorst: Skinhead-Projekt

»Nachdem mein Vorgänger etwa zwei Jahre auf Honorarbasis dieses Skinhead-Projekt in Delmenhorst aufgebaut hatte, wurde nach seinem Weggang endlich eine halbe Stelle geschaffen. Träger des Projektes ist das Jugendamt. Ich bin beim Jugendamt beschäftigt und zusätzlich noch in jenem Kulturzentrum, in dem dieses Projekt von Anfang an angesiedelt ist. Früher konnten die Skinheads dort lediglich einen Kellerraum nutzen und es gab mit den dominierenden, eher linksorientierten und antifaschistischen Jugendlichen immer wieder große Reibereien und Konflikte. Heute steht uns der offene Bereich dieses Zentrums an zwei Tagen allein zur Verfügung. Ferner haben wir eine Musikgruppe in diesem Haus. Und ganz wichtig ist die Einzelfallhilfe, oder, man könnte sagen, die Hilfe in allen Lebenslagen.«

Solingen: Skinhead-Projekt der Evangelischen Kirche

»Vor vier Jahren war in Solingen die FAP aktiv, aus der dann eine Gruppierung entstand, die sich Bergische Front nannte. Diese Bergische Front hat damals mit militärischem Stechschritt einige Jugendzentren in Solingen überrannt, u.a. auch ein Gemeindezentrum der Evangelischen Kirche. Eine Jugendleiterin, eine ältere

Mitarbeiterin, hat sich dem entgegengestellt. Daraus ist zunächst eine kör-
perliche Konfrontation mit dieser Frau entstanden. Andererseits war dabei
etwas passiert, aus dem sich zunächst einige Gespräche zwischen dieser
älteren Mitarbeiterin und den Jugendlichen ergaben. Schließlich hat sie es
dann geschafft, diese rechtsradikalen Jugendlichen an die Einrichtung zu
binden. Sie hat denen das Angebot gemacht, daß sie alle 14 Tage zumindest
für zwei Stunden in die Einrichtung kommen könnten. Dann hat sie für die
Jugendlichen gekocht, sich mit ihnen über ihre Lebenslagen und ihre Pro-
bleme unterhalten. Oder sie haben Skatturniere veranstaltet, zu denen dann
auch mal der Jugendgerichtshelfer kam. Außerdem hat sie Jugendliche zu
Gerichtsverhandlungen begleitet oder sie im Krankenhaus besucht, wenn mal
wieder eine Schlägerei gewesen war.«

»Dieses Projekt ist bis zum letzten Sommer gelaufen. Nach und nach ist es dann
immer mehr ausgefasert. Den Gerüchten nach zu urteilen, sind etliche Jugend-
liche nach der Bundeswehrzeit in den Osten abgewandert, weil da die richtige
Randale läuft. Die Übriggebliebenen andererseits haben sich nach und nach
vom Rechtsradikalismus distanziert. Sie vertreten heute zwar immer noch eine
Meinung, die so zwischen CDU und den Republikanern angesiedelt ist, aber
verzichten weitgehend auf Gewalttaten. - Nachdem andererseits jetzt auch noch
zwei von den verbliebenen Härtetypen wegen eines Überfalls auf ein Asylbe-
werberheim in Untersuchungshaft sitzen, befinden wir uns in einer Situation,
wo organisierte rechtsradikale Jugendliche im Stadtgebiet nicht mehr existie-
ren. Daher verlegen wir uns heute mehr auf Prophylaxearbeit.«

Bremen: Streetwork beim Jugendfreizeitheim

Eine der Mitarbeiterinnen in dem erwähnten Bürgerhaus wurde nach der Anfangsphase jener Arbeit dafür gewonnen, ebenfalls auf Honorarbasis mit einer
extrem auffälligen Clique zu arbeiten, die sich seit Jahren im Umfeld eines
Jugendfreizeitheims festgesetzt hatte, obwohl sie dort immer wieder Hausver-
bot erhielt und Polizeieinsätze dort gegen sie üblich waren. Zusammen mit
einem weiteren Studenten wurde diese Clique ab Juni 1989 betreut. Damals
verstand sich die Clique, nach teilweisen Abstechern in eine neonazistische
Organisation, als ausgesprochene Skingruppe, die durch hohe Gewaltbereitschaft und Aggressivität, teils exzessiven Alkoholkonsum und zunehmend auch
durch den Gebrauch harter Drogen auffiel und den Stadtteilfrieden empfindlich
störte. Teilweise mußte die Polizei sicherstellen, daß in der Schule nebenan der
Unterricht ordnungsgemäß durchgeführt werden konnte. Versuche, diese Clique in das Freizeitheim zu integrieren, waren seit Jahren gescheitert.

»Wir sind dann der Clique vom Jugendamt aus als ihre eigenen Streetworker
- im Unterschied zu den geradezu verhaßten Mitarbeitern des Freizeitheims
- 'angeboten' worden, verbunden mit der Perspektive, zusammen mit uns

124

auch mal wieder die Räumlichkeiten des Freizeitheims nutzen zu können -
zumindest bei Regen und Kälte. Die Jugendlichen gehören zu den Moder-
nisierungsverlierern in dieser Gesellschaft und haben ihre Suchbewegun-
gen zur Lebensbewältigung, die sich einstmals mehr in politischer Form
nach außen dargestellt haben, längst mehr und mehr gegen sich gerichtet,
vor allem durch extreme Entwicklungen von Suchtverhalten. Von der Sehn-
Sucht nach Veränderung bleibt immer öfter nur die Sucht.«

3.3 Projekte mit ausschließlich aufsuchender Arbeit

Als Projekte mit ausschließlich aufsuchender Arbeit werden Projekte zusammengefaßt, die über keinerlei Räumlichkeiten verfügen oder allenfalls
sehr sporadisch, zu spezifischen Beratungs- oder Verwaltungszwecken Räume nutzen können, deren Tätigkeit sich aber ansonsten vollständig in der
Öffentlichkeit abspielt, auf der Straße, bei und in Szenetreffs, in Kneipen
usw.. Die Arbeit findet also an Orten statt, an denen sich die jeweiligen
Zielgruppen üblicherweise treffen. MitarbeiterInnen begeben sich hier besonders unmittelbar in das alltägliche Szeneleben ihrer Zielgruppen hinein.
Von dort aus werden eher nur gelegentlich und situativ spezifische Räumlichkeiten aufgesucht. Gerade in dieser Richtung gibt es eine ganze Reihe
und teils sehr unterschiedliche Projekte:

Halle: Streetwork des Jugendamtes

In Halle hat es lange Zeit heftige Auseinandersetzungen zwischen sogenannten linken und rechten Szenen gegeben, mit Brandanschlägen auf be-
setzte Häuser, Verwüstung von Einrichtungen und Überfällen. Eines der
zentralen Vorhaben der ursprünglich vier, inzwischen neun Streetworker in
Halle war es daher, auf Gespräche zwischen diesen verfeindeten Gruppen
hinzusteuern. Das ist auch im letzten Winter (1991/92) gelungen. Seither
sind die Auseinandersetzungen entscheidend zurückgegangen.

»Als Streetworker suchen wir die Jugendlichen auf der Straße auf, in der Szene.
Direkte Projekte machen wir mit denen nicht. Das machen freie Träger. Wir
haben in Halle-Neustadt, wo ich arbeite, eine sehr starke rechte Szene mit circa
80-100 Jugendlichen. Das einzige Projekt, das das Jugendamt selbst gestartet
hatte, war im vorigen Jahr die Arbeit mit den Jugendlichen im besetzten Haus
an der Kampstraße. Als das Haus von der Treuhand an einen Vorbesitzer zu-
rückgegeben wurde, ist der ganze Prozeß abgebrochen.«
»Jetzt haben wir mit dem rechten Klientel einen Szenetreff aufgebaut, den Ju-
gendclub Roxy. Bei weiteren Aktivitäten kooperieren wir mit freien Trägern, so
der AWO und dem IB, etwa zur Nutzung von Kraftsporträumen.«

Chemnitz: Mobile Jugendarbeit des Jugendamtes

»Ich baue in einem Neubaugebiet mit 85 000 Einwohnern ein Projekt Mobile Jugendarbeit des Jugendamtes Chemnitz auf. Von den sechs Stellen, die wir aus dem AGAG-Programm (dem Aktionsprogramm gegen Aggression und Gewalt) der Bundesregierung finanziert erhalten, ist aus verwaltungstechnischen Gründen bislang nur meine Stelle besetzt. Im Frühjahr begannen Kontaktaufnahmen auf der Straße und an einem Spielplatz, zunächst zu einer rechtsorientierten Gruppe, ab Juli zu einer zweiten. Wir waren dann z.B. zelten mit einer Jugendgruppe, die als Bunker-SS oder Bunkerbande verschrieen ist. Wir wurden dabei von zwei Zivilen des Staatsschutzes verfolgt, was mich so an düstere Zeiten erinnert. - Ansonsten spielt inzwischen konkrete Einzelfallhilfe eine ganz große Rolle, einschließlich der Begleitung und Beratung bei Gerichtsverhandlungen, bei Gesprächen mit der Bewährungshilfe, bei der Jobsuche. Ich war auch bei einigen auf der Arbeit. Oder es geht um ganz persönliche Probleme, mit den Eltern, mit der Freundin oder so.«

»Im Gemeinwesen haben wir eine Arbeitsgruppe gegründet, die versucht, den Stadtteil ein bißchen zu beleben. Da sind dann z.B. Gespräche mit den Wohnungsbaugesellschaften ganz wichtig, um legale Plätze für Kinder und Jugendliche zu schaffen und die Spielplatzsituation zu verbessern. Daneben gibt es ständigen Erfahrungsaustausch mit dem allgemeinen Sozialdienst vom Jugendamt, der Jugendgerichtshilfe, Schulen, Vereinen, Suchtberatungsstellen usw..«

Braunschweig: Jugendberatungsstelle

»In der Jugendberatungsstelle in Braunschweig läuft seit dem 1. August 1992 ein Projekt, das sich mit gewaltbereiten und rechtsorientierten Jugendlichen beschäftigen will. Wir sind also im Moment noch in der Anfangsphase und versuchen zu erkunden, wie sich die in der Öffentlichkeit relativ unauffällige Szene in Braunschweig darstellt. Wir sind zu dritt, zwei Männer und eine Frau. Im Moment versuchen wir, diese Szenen aufzusuchen, die Jugendlichen erst mal kennenzulernen und zu gucken, was das überhaupt für Jugendliche sind, was sie wollen und was ihnen wichtig ist. Das soll dann u.a. übergehen in psychosoziale Beratung und Freizeitarbeit.«

»Unsere Jugendberatungsstelle besteht bereits seit über zehn Jahren. Die Straßensozialarbeit aber ist erst seit vier Jahren langsam dazugekommen und macht bis heute insgesamt nur einen kleineren Teil unserer Arbeit aus. Andere Mitarbeiter aus unserer Jugendberatungsstelle arbeiten z.B. parallel mit Eltern, mit Lehrern und anderen Leuten, die mit diesen Jugendlichen zu tun haben, u.a. mit den Opfern ihrer Taten. - Und ich persönlich habe die meisten Schwierigkeiten nicht mit den Jugendlichen, sondern mit anderen

Sozialarbeitern und mit Lehrern, die mit denselben Jugendlichen zu tun haben. - Wir zielen also mit unserer Arbeit gleichzeitig auf verschiedene Ebenen, was uns wohl von den meisten anderen Projekten unterscheidet und ein Modellprojekt darstellt. Dabei haben wir diese beiden Arbeitsbereiche bewußt personell voneinander getrennt, denn sonst wäre es ganz schwer, die Parteilichkeit für die Jugendlichen durchzuhalten.«

Göttingen: Projekt Jugendkulturen

»Das Projekt Jugendkulturen in Göttingen besteht seit 2 1/2 Jahren. Träger ist der Stadtjugendring. Wir sind sechs MitarbeiterInnen, 4 Männer und 2 Frauen. Die Finanzierung erfolgt über ABM und § 19 BSHG. Die Projektidee hatten zwei meiner Kollegen. Es sollte zunächst ein Fußball-Fanprojekt eingerichtet werden. Das Ganze ist dann aber erweitert worden. Es entstand eine mobile akzeptierende Jugendarbeit mit rechtsorientierten und rechtsextremen Jugendlichen. Dabei hat auch eine Rolle gespielt, daß es zu dem Zeitpunkt einen Todesfall in Göttingen gab. Die Meinungen gehen auseinander, ob Mord oder nicht. Jedenfalls wurde bei einer Auseinandersetzung mit Skinheads eine Frau von der Polizei verfolgt und ist dabei vor ein Auto gelaufen. Mittlerweile hat es noch einen weiteren Toten gegeben: In der Silvesternacht 90/91 ist ein Jugendlicher von zwei Skinheads ermordet worden.«

»In Göttingen gibt es schon lange Zeit eine starke Rechte, aber auf der anderen Seite auch eine starke AntiFa. Und die hat dafür gesorgt, daß die Innenstadt eine Zeitlang 'nazifrei' war. Aber dadurch war das Problem eigentlich nicht weg. Das Ganze hat sich auf die umliegenden Orte verlagert. Und das war auch sicherlich der Grund für die Jugendlichen, mit uns Kontakt aufzunehmen. Denn sie wollten halt wieder in Ruhe durch die Innenstadt gehen können. Einige meiner Kollegen kommen selbst aus der Autonomen Szene. Die Jugendlichen, mit denen wir zu tun haben, sind zum Teil sogenannte Aussteiger, die mal organisiert waren, aber heute nur noch lose Kontakte mit rechten Parteien haben. Einige davon bezeichnen sich heute als Hooligans.«

»Aus unserer heutigen Perspektive sagen wir: Wir begleiten diese Jugendlichen. Wir wissen natürlich, diese Jugendlichen werden nie Linke werden. Ich glaube, alles, was wir erreichen können, das ist, daß sie wirklich weniger Gewalt anwenden und vielleicht ein bißchen toleranter werden.«

Bremen: Aufsuchende Arbeit

»Ich habe 2 1/2 Jahr in dem erwähnten Bürgerhaus gearbeitet. Mit Beginn meines Anerkennungsjahres im Oktober 1991 beim Amt für soziale Dienste habe ich dann begonnen - zusammen mit einem Mitarbeiter aus dem erwähnten Projekt beim Jugendfreizeitheim als Honorarkraft -, in einem wei-

teren Neubaustadtteil ein Projekt aufsuchender Arbeit aufzubauen. Hinter-
grund dafür ist, daß sich in diesem Stadtteil seit fünf Jahren die verschie-
densten Institutionen vernetzt haben, um dringend notwendige präventive
Arbeit zu leisten. In diesem Zusammenhang haben wir die Aufgabe über-
nommen, auffällige Cliquen jüngerer Jugendlicher aufzusuchen und zu ih-
nen stabile Kontakte aufzubauen.«
»Mit einer dieser Cliquen arbeiten wir sehr intensiv. Trotzdem hat es, ver-
glichen mit den anderen Bremer Projekten, relativ lange gedauert, erst mal
ein Vertrauen aufzubauen. Dafür war wohl entscheidend, daß wir hier bis
heute kein Raumangebot machen, sondern nur uns selbst einbringen kön-
nen. Auf der Straße ist es halt etwas schwieriger. Entsprechend zentral war
offenbar gerade hier, mit den Jugendlichen mal über ein Wochenende weg-
fahren zu können. Inzwischen planen wir die zweite Wochenendfahrt.«
»Inzwischen ist auch klar, daß die Arbeit erst mal fortgesetzt werden kann,
da mir das Amt für Soziale Dienste jetzt einen Arbeitsvertrag für ein Jahr
angeboten hat.«

Essen: Jugendforschungsprojekt

»Im Rahmen eines Universitätsprojektes, das sich 'Die neue Gewalt gegen
Fremde' nennt, arbeite ich seit Dezember 1991 mit einer Gruppe von rechts-
orientierten gewaltbereiten Jugendlichen zusammen. Eigentlich bin ich also
Jugendforscher. Ich gerate aber immer wieder in die Rolle eines Sozialar-
beiters. Angefangen hat das vor Gericht. Einer der Jugendlichen hatte kurz
nach Hoyerswerda einen Brandsatz gegen ein Asylbewerberheim geschmis-
sen. Ich habe den Prozeß verfolgt. In der Pause vor der Urteilsverkündung
habe ich die Jugendlichen einfach angesprochen. Ich habe ihnen erklärt,
wer ich bin, woher ich komme, was ich mache und was ich von ihnen möchte.
Ich bin dann von ihnen eingeladen worden. Die fanden das einfach ganz
toll, daß da einer mit einem Zopf sie einfach anspricht, sie mit ihren Glatzen
und ihren Doc Martens usw.. Natürlich bin ich dann auch erst mal einem
'Test' unterzogen worden, wieviel Angst ich denn hab und wie lange ich's
denn in 'ihrer' Kneipe aushalte.«
»Heute mache ich teilnehmende Beobachtungen, Gruppengespräche und
lebensgeschichtliche Einzelinterviews mit den Jugendlichen. Ihre Clique ist
im Kern etwa fünfzehn Leute stark (im Alter von 16 bis 24 Jahren). Die
gesamte Szene, die sich in der Kneipe trifft, umfaßt aber etwa 60, 70 Leute
allein aus Essen. Da sind nicht nur Glatzen, sondern ganz viele Psychos und
Rockabillys. Im Gegensatz zu anderen Städten haben die Essener Psy-
cho(billys) einen starken Rechtsdrall. Auf der Straße, in der Öffentlichkeit
bestimmen sie das Bild der Szene. In ihrem Äußeren ähneln sie auch ziemlich
den Glatzen mit dem kleinen Unterschied, daß sie sich den Kopf nicht ganz
kahl rasiert haben.«

»In der Kneipe, in der sie sich treffen, herrscht ein explosives Gemisch. Weil es früher häufig zu Auseinandersetzungen kam, haben sie sich eine Hausordnung gegeben. Und auch sonst weisen diese Jugendlichen ein erstaunliches Maß an sozialer Kompetenz auf. Zum Beispiel erhalten Jüngere, die noch ihren Schulabschluß machen müssen, von Älteren Nachhilfe. Andererseits gibt es einfach Probleme, über die die Jugendlichen untereinander nicht sprechen können. Denn in der Szene zeigt man sich eben männlichhart. An dieser Bruchstelle bin ich im Laufe meiner Arbeit immer wieder in die Rolle gerutscht, daß sie mir das Herz ausschütten, mit mir über die Probleme reden wollen, über die sie untereinander nicht frei reden können.«

Rostock: Aufsuchende Arbeit

Aus dem Kreis der JugendarbeiterInnen des Jugendamtes Rostock wird eine Mitarbeiterin vorrangig für aufsuchende Arbeit in aktuellen Konflikt- und Krisensituationen eingesetzt. Es geht dabei um teils sehr unterschiedliche und gegensätzliche Szenen, vornehmlich allerdings aus dem rechten Spektrum. Die Hauptaufgabe dieser Mitarbeiterin besteht immer wieder darin, Zugänge zu suchen und aufzubauen zu Jugendcliquen und Jugendszenen, die so massiv auffällig geworden sind, daß dem Jugendamt jeweils eine kurzfristige Intervention als unabdingbar erscheint.

»Andere führen dann meine Arbeit weiter und haben da Erfolge, wo ich angefangen habe. Und du selbst fängst wieder im Urschlamm an. Und das ist frustrierend.« Außerdem wird ständig umstrukturiert, kommen neue KollegInnen *dazu und gehen wieder andere, nicht zuletzt, weil sie sich den gesetzten Arbeitsbedingungen nicht unterwerfen. So »mußten wir unterschreiben, daß wir unpolitisch an die Jugendlichen rangehen. Du sollst neutral rangehen. Wenn du eine politische Einstellung hast, sollst du diese so weit wie möglich wegschieben, jedenfalls in dem Moment, wo du arbeitest.«*

3.4 Fußball-Fan-Projekte

Die bei weitem längsten Erfahrungen in der Arbeit mit rechten Jugendcliquen haben eine Reihe von Fußball-Fan-Projekten. Jedenfalls in den meisten der ca. ein Dutzend Fanprojekte in der BRD steht die Arbeit mit solchen Jugendlichen sehr stark im Vordergrund, die deutliche Orientierungen nach rechts aufweisen, gepaart mit hoher Gewaltbereitschaft. Insofern können fast alle Fan-Projekte dem Feld der Arbeit mit rechten Jugendszenen zugerechnet werden, auch wenn sie eine ganze Reihe von Spezifika ausweisen. Entscheidend dabei ist, daß die Fan-Projekte bislang die einzigen Projekte sind, die nicht in alltagsgewohnten Lebensräumen, sondern in anlaß- und actiondefinierten Lebensräumen angesiedelt sind. Zu diesem Spektrum gehören:

Bremen: Fan-Projekt

Das Fan-Projekt Bremen ist das älteste deutsche Fan-Projekt überhaupt und entstand 1982, hervorgegangen aus einer studentischen Arbeitsgruppe und anfänglich getragen von der Bremer Sportjugend. Es hat zur Zeit zwei hauptamtliche Stellen á 30 Stunden. Die Idee ist damals entstanden, ohne daß es einen gewalttätigen Vorfall gegeben hätte, und ohne daß besondere nationalistische oder ähnliche Äußerungen aus der Fan-Szene gekommen sind.

»Die Überlegung war, einfach zu gucken, wie kann man sich mit jugendlichen Fußball-Fans auf einer anderen Art und Weise beschäftigen als nur ordnungspolitisch?«

»Wir hatten von Anfang an einige Grundprinzipien. Dazu gehörte: Wir machen diese Unterscheidung zwischen sogenannten gewalttätigen Jugendlichen und sogenannten friedfertigen Jugendlichen nicht mit. Wir haben uns vielmehr verstanden als Ansprechinstitution für die gesamte Kurve, egal, wie die Jugendlichen aussehen, egal, wie sie sich verhalten, egal, was sie machen. Fußball-Fan-Projektarbeit unterscheidet sich von anderen Projekten in der Jugendarbeit u.a. dadurch, weil sie im Spannungsverhältnis von umsatzträchtigen Bundesligavereinen passiert und daher immer einem hochgradig ordnungspolitisch durchsetzten Blick ausgesetzt ist und einem hochgradigen Medieninteresse an dem Geschehen im und vor dem Stadion.«

»Unser Arbeitsansatz stützt sich ganz stark auf das Dabeisein und die teilnehmende Beobachtung, bei Heim- wie bei Auswärtsspielen. Dazu gehört bei Auswärtsfahrten auch das Dabeisein bei der Anreise und Rückreise mit allem, was da so abläuft. Und wir nehmen eine Mittler- oder Vermittlertätigkeit dem Verein und der Öffentlichkeit gegenüber ein. In jüngster Zeit etwa haben wir uns mit einem Modell zum Umbau der Ostkurve eingemischt in die Diskussion, durch Abschaffung von Stehplätzen die Gewalt aus den Stadien zu verdrängen. Wir wollen damit zeigen, wie wir uns eine sozial verträgliche Fußballfankurve vorstellen.«

Hamburg: Projekt offside

Der Verein 'Jugend und Sport', ein Ableger der Hamburger Sportjugend, beherbergt zwei Projekte, das Fan-Projekt und das Projekt offside.

»'Leichen pflastern unsern Weg' ist unser zynischer Anfang bei solch kurzen Vorstellungen. Der Tod von Adrian Maleika bei Auseinandersetzungen zwischen Hamburger und Bremer Fußballrabauken führte 1983 zur Gründung des Fan-Projektes. Im Dezember 1985 wurde Ramasan Avci von jugendlichen Skinheads in Hamburg erschlagen. Daraufhin kam es im Frühjahr 1986 zur Gründung des Projekts offside. Wir arbeiten momentan mit sieben pädagogischen Kräften, davon zwei ohne pädagogische Fachausbildung. Diese zwei arbeiten im Bereich St. Pauli und kommen selbst aus der Szene. Mit drei Kollegen sind

*wir in der sogenannten Härtegruppen-Arbeit beschäftigt, d.h., wir arbeiten
ganz besonders mit Hooligans und älteren Skinheads oder auch deren Ver-
wurzelungen in die jüngere Generation hinein.«*
*»Wir machen eigentlich alles, was man sich so vorstellen kann. Aber insbe-
sondere ist unsere Funktion eine, für die wir den noch quasi 'unfertigen'
Begriff Gewaltbegleitung oder auch akzeptierende Gewaltarbeit eingeführt
haben. D.h., wir sind auch regelmäßig bei den Ausschreitungen mit vor Ort, um
dort entsprechend den Dialog mit den Jugendlichen zu suchen. Daneben fördern wir natürlich auch die ästhetisch-kulturelle Alltagspraxis, indem man Fan-
zine-Macher unterstützt, indem man Jugendbegegnungsreisen macht, Vernetzungen mit anderen Fan-Projekten versucht oder eine 'Bildungs- und Begeg-
nungsreise' von Fußballrabauken aus Bremen und Hamburg zur Fußballwelt-
meisterschaft in Italien durchführt.«*

Oldenburg: Fan-Projekt

*»Ich arbeite seit etlichen Jahren im Bremer Fan-Projekt mit. Dann habe ich
eine Zeitlang parallel als Honorarkraft mit Skinheads gearbeitet, und zwar
in dem erwähnten Skinhead-Projekt in Delmenhorst. Und seit gut einem
Jahr arbeite ich jetzt im Fan-Projekt Oldenburg, das ich in dieser Zeit mit
aufgebaut habe. Der Träger ist das Jugendwerk der Arbeiterwohlfahrt.«*
*»Diese Arbeit ist vorwiegend als aufsuchende Arbeit konzipiert. Das Fan-
Projekt begibt sich an die Aufenthaltsorte der Jugendlichen und sucht sie
bei der Aneignung öffentlicher Räume zu begleiten und zu unterstützen.
Dazu kommt eine offene Jugendarbeit mit Veranstaltungen wie Fan-Turnie-
ren, Freundschaftsspielen, Auswärtsfahrten usw.. Wichtigstes Ziel ist es, den
Fans die Möglichkeit zu schaffen, an Stelle bloßer Symbolik sich mit ihrem
eigenen Handeln zu identifizieren. Eine weitere wichtige Aufgabe ist die
Vermittlungstätigkeit zwischen Fans und den Institutionen des Sports, den
Medien, der Polizei, dem Jugendamt, dem Gericht usw..«*

3.5 Projektverbund

Eine erwähnenswerte Besonderheit im Spektrum der Projekte mit rechten
Jugendcliquen, ist das Bremer Studienprojekt 'Akzeptierende Jugendarbeit
mit rechten Jugendcliquen', das einen Projektverbund von drei bzw. vier
Projekten in diesem Bereich geschaffen hat, und das heute in Vereinsform
weiterexistiert:

Bremen: Studienprojekt: 'Akzeptierende Jugendarbeit'

Ausgangspunkt der Arbeit mit rechten Jugendszenen in Bremen war seinerzeit
ein gemeinwesenorientiertes Studienprojekt im Rahmen der SozialarbeiterIn-

nen-Ausbildung. Wie geschildert, führte die Konfrontation mit Konflikten um solche Cliquen 1988/89 kurz nacheinander zum Entstehen von drei Projekten in Bremen. Das Studienprojekt sorgte dann für die praxisbegleitende theoretische Fundierung, für die alltagsbezogene Praxisberatung und die Supervision. Kaum zu überschätzen ist dabei die Bedeutung des permanent stattfindenden Erfahrungsaustausches zwischen den fünf MitarbeiterInnen, die an gleich drei verschiedenen Stellen ganz ähnliche Erfahrungen in einem fast völlig neuen Handlungsfeld sozialer Arbeit sammelten.

Nach 1 1/2 Jahren kam als weitere Ebene die gemeinsame wissenschaftliche Aufarbeitung hinzu, die darauf zielte, die Wesenselemente aus den eigenen Erfahrungen herauszuarbeiten und daraus einen konzeptionellen Ansatz für die Arbeit mit rechten Jugendcliquen zu formulieren. Entstanden ist daraus das Konzept 'Akzeptierende Jugendarbeit mit rechten Jugendcliquen'. Inzwischen wurden diese Ergebnisse publiziert (vgl. u.a. Akzeptierende Jugendarbeit mit rechten Jugendcliquen. Hrsg.: Krafeld, Franz Josef. Bremen 1992. Bd. 4 der Schriftenreihe der Landeszentrale für politische Bildung Bremen) und auf zahlreichen Fachtagungen zur Diskussion gestellt. Darüberhinaus wurde ein überregionaler Erfahrungsaustausch aufgebaut, bis hin zu der diesem Band zugrundeliegenden ersten bundesweiten Fachtagung von PraktikerInnen in der Arbeit mit rechten Jugendszenen. Hier sind also PraktikerInnen einmal unmittelbar an der wissenschaftlichen Aufarbeitung und Weitervermittlung ihrer Erfahrungen beteiligt.

4. Zur Wirkungseinschätzung der Projektarbeit »Linke werden das sicher nie«

Über Wirkungen in diesem sehr neuen Arbeitsbereich zu sprechen, das erscheint mindestens ebenso spekulativ wie in anderen Bereichen von Jugendarbeit. Entsprechende wissenschaftliche Forschung wird zwar zunehmend gefordert, steckt aber selbst für die Jugendarbeit insgesamt noch in den ersten Anfängen. Dabei besteht gerade in dem neuen Feld der Jugendarbeit mit rechten Szenen eine besondere Notwendigkeit für Wirkungseinschätzungen, weil dieser Bereich einerseits vielfach mit ungeheuren Ansprüchen überhäuft wird und andererseits gerade dieser Arbeit in der Öffentlichkeit und Fachöffentlichkeit vielfach besondere Ressentiments und Widerstände entgegengebracht werden. Die Frage nach den Wirkungen sozialer Arbeit setzt zunächst die Klärung von deren Zielrichtung voraus. Ist vorrangiges oder gar einziges Ziel einer Projektarbeit, dem - sicher wichtigen - Interesse einer Öffentlichkeit gerecht zu werden, gewalttätige öffentliche Auftritte und Übergriffe zurückzuschrauben? Öffentliche Forderungen nach Aktivitäten von Jugendarbeit jedenfalls zielen zumeist vorrangig auf die Herstellung von Ruhe und Befriedung. Entsprechende Förderungsprogamme und Projektfinanzierungen proklamieren in der Regel, Arbeitsansatz gegen rechtsextremistische Orientierungen und Gewalt zu sein. So heißt das Programm der Bundesregierung für Ostdeutschland 'Aktionsprogramm gegen Aggression und Gewalt' und z.B. nicht: Programm zur Förderung von Jugendarbeit mit Jugendcliquen, die durch Aggression und Gewalt besonders auffällig werden. Ziel jenes Programms ist es, »extremistischen, frauenfeindlichen und gewalttätigen Ausschreitungen junger Menschen zu begegnen,« ist die »Auseinandersetzung mit gewalttätigen, auffälligen Jugendlichen «, während andererseits die »jeweilige Problemlage, die zu Gewalt führt«, nur als Ursache in einem Halbsatz erwähnt, nicht aber als Gegenstand von Jugendarbeit und/oder Jugendpolitik auch nur angesprochen wird (Aktionsprogramm 1991; vgl. dazu auch den Beitrag von Behn/Heitmann in diesem Band).

Ein an den Jugendlichen orientierter Arbeitsansatz umfaßt aber wesentlich anderes als solches, in der Öffentlichkeit immer wieder formuliertes Interesse an Bekämpfung, an Deeskalation und an Ruhe. In der Praxis von Jugendarbeit in rechten Szenen geht es entsprechend nicht um Auffälligkeiten (an sich!), sondern um Jugendliche mit Auffälligkeiten. Als oberstes Ziel steht nicht der Abbau von Auffälligkeiten - keinesfalls jedoch, weil solch eine Zielsetzung nicht sinnvoll, sondern, weil sie offenkundig völlig ineffektiv wäre. Solch eine Wirkung wird vielmehr als eher indirekte Folge erfolgreicher Jugendarbeit erwartet und angestrebt. Zentrales Ziel aber ist es zunächst und direkt, die Jugendlichen bei einer gelingenderen Lebensbewältigung unterstützen zu wollen. Dahinter steht die Erwartung, daß diejenigen, die besser mit ihrem Leben klarkommen, die also einigermaßen erfolgreich und zufrieden ihren 'Weg ins Leben' finden, auch eher sozial akzeptiertes Verhalten an den Tag legen. Die Frage nach den Wirkungseinschätzungen hat insbesondere zu unterscheiden zwischen den Ebenen:

- Inwieweit bauen sich im Zusammenhang mit Leistungen von Jugendarbeit Gewaltbereitschaft, Minderheitenfeindlichkeit, Frauenfeindlichkeit und rechtsextremistische Orientierungen bei Jugendlichen ab?

- Inwieweit entwickeln Jugendliche im Zusammenhang mit Leistungen von Jugendarbeit Ansätze zu einer gelingenderen und befriedigenderen Lebensbewältigung in sozial verträglichen Bahnen?

Die Öffentlichkeit nimmt weitgehend die erste Ebene in den Blick, Jugendarbeit dagegen muß sich auf die zweite konzentrieren. Denn erstens würden sich Jugendliche kaum einer Jugendarbeit öffnen, die nur gegen(!) etwas ist, was ihnen selbst im Moment offenbar wichtig ist, und zweitens verlangt eine wirksame Jugendarbeit mehr und mehr ein Einmischen in die gesellschaftlichen Grundlagen und Lebensbedingungen, in denen jene Anfälligkeiten wachsen. Trotzdem zunächst zur ersten Ebene:

4.1 Zum Abbau von Problemen, die Jugendliche machen

Aus den Erfahrungen bisheriger Projekte in rechten Jugendszenen läßt sich schließen, daß häufig schon relativ bald nach deren Beginn Öffentlichkeit (und Projektträger) feststellen, daß gewalttätige Auftritte von Cliquen und Szenen nachgelassen haben oder gar mit der Zeit fast völlig verschwinden. Für den Zeitrahmen und die Bedeutung solcher Umorientierungsprozesse scheint dabei von entscheidender Bedeutung zu sein, ob den Jugendlichen im Rahmen eines solchen Projektes eine akzeptierter Raum als Treffpunkt verschafft oder angeboten wurde.

Solche Wandlungsprozesse spiegeln sich etwa wieder in der Feststellung der Polizei für einen vormalig sehr unruhigen Stadtteil, daß bald nach Beginn der Projektarbeit Beschwerden von AnwohnerInnen viel seltener geworden sind und irgendwann praktisch ganz ausblieben, und insbesondere, daß vor allem ausländerfeindliche Aktivitäten im Stadtteil und Vorfälle mit rechtsextremistischem Hintergrund praktisch nicht mehr vorkämen. Für Bremen, wo seit Jahren besonders intensiv mit rechten Jugendszenen gearbeitet wird, vermeldete das Landesamt für Verfassungsschutz im November 1992 gar: »Bremen koppelte sich als einziges Bundesland von der furchtbaren Gewaltwelle ab.«

Es wäre jedoch sehr voreilig, aus solchen Beschreibungen Beweise für erfolgreiche Jugendarbeit und deren Wirkungen abzuleiten. Auch wenn etliches dafür spricht, daß die lokalen Projekte jedenfalls auch(!) etwas mit diesen Veränderungen zu tun haben, erscheint doch eine weit gründlichere Auseinandersetzung mit Begründungen für feststellbare Veränderungen im Auftreten von betreuten Cliquen notwendig. Denn in den Projekten weiß man auch, daß vermeintliche und tatsächliche Erfolge oft ungeheuer labil sind, und daß morgen bereits aufschreckende Ereignisse oder das Aufheizen latent weiterlebender Gewaltbereitschaften den positiven Wirkungseindruck hinfällig machen können.

Um ein Beispiel vielfältiger verhaltensbeeinflussender Momente und Entwicklungen zu skizzieren, die in eine reale Einschätzung direkter Zusammenhänge von Projektarbeit und Verhaltensänderungen einfließen müßten, hier einige Überlegungen dafür, welche (außerhalb des pädagogischen Handelns liegende) Faktoren das verringerte Auftreten bzw. die Beendigung gewalttätiger Auseinandersetzungen in dem oben erwähnten Stadtteil u.a. beeinflußt haben könnten:

die Jugendlichen sind im Laufe der vergangenen Jahre älter geworden und haben sich in anderen Cliquen verortet, die nicht durch Übergriffe öffentlich auffällig werden,

einige Jugendliche haben sich aufgrund beruflicher Entwicklungen, Familiengründung u.ä. aus dem actionbetonten Szeneleben zurückgezogen, die Jugendlichen sind mit zunehmendem Alter mobiler geworden und damit nicht mehr ausschließlich auf Aktionen innerhalb des eigenen Stadtteils angewiesen,

die Jugendlichen wissen, daß sie bei Auffälligkeiten im eigenen Stadtteil eher ihren Jugendtreff riskieren und daher vielleicht für derartige Aktivitäten eher andere Stadtteile aufsuchen,

die Jugendlichen werden geschickter in ihren Aktionen, sodaß ihre Beteiligung nicht so leicht wie früher bewiesen werden kann,

einigen der Jugendlichen drohen ganz konkret Haftstrafen, die sie vorsichtig werden lassen,

einige Jugendliche sind in ihrem psychischen und physischen Zustand zunehmend nicht (mehr) in der Lage, Aggressionen nach außen zu wenden und wenden sie inzwischen zunehmend gegen sich selbst - sei es durch riskante und rücksichtslose Umgehensweisen mit dem eigenen Körper oder durch exzessiven Suchtmittelgebrauch (zunehmend auch von illegalen harten Drogen).

All solche und etliche weitere Faktoren können im konkreten Fall vielleicht eine weit größere Bedeutung haben als das pädagogische Handeln selbst. Jedenfalls ist auch oder gerade da, wo scheinbar Erfolge so deutlich auf der Hand liegen, differenzierendes Hinterfragen von Veränderungsprozessen sehr angebracht.

Dafür spricht auch, daß MitarbeiterInnen aus den Projekten sehr häufig davon berichten, daß sich ihre eigenen Einschätzungen über die Wirkung ihrer Arbeit verändert haben. Zunächst, so schildern viele, seien sie von einem deutlichen politischen Anspruch oder zumindest doch von einer eher diffusen Hoffnung getrieben worden, die Jugendlichen wieder 'irgendwie' zurückholen zu können. Nach längeren Praxiserfahrungen schätzen sie aber die Chance, rechte Orientierungen bei den Jugendlichen wirklich auflösen oder überwinden zu können, meist als gering ein. »Linke werden das nie!« ist für so manchen eine ernüchternde Feststellung, in der im Hintergrund nicht selten auch eine gewisse Enttäuschung mitschwingt.

Erfolge, so wird in der praktischen Alltagserfahrung deutlich, lassen sich in diesem Feld weniger an politischen Grundüberzeugungen festmachen - auch wenn es immer mal wieder die Einzelbeispiele von Leuten gibt, die dem Augenschein nach einen diametralen Schwenk vollziehen. Veränderungen oder auch Erfolge zeigen sich vielmehr in verändertem Umgang mit Situationen der Alltagsbewältigung, sei es innerhalb der Clique und ihrem sozialen Raum, sei es zum sozialen Umfeld hin oder sei es im Umgang mit eher individuellen Problemen der Lebensbewältigung. Das ist die Folie, auf der sich vielfach Gewaltbereitschaften und teils auch rechte Orientierungen abbauen.

»Aber wir müssen uns darüber im klaren sein: Deren Normalität, deren

Angepaßtheit heißt dann vielleicht später: Jeden Abend vor der Glotze hängen, sich vollaufen lassen und hin und wieder die Frau verprügeln.«
Die Zurücknahme überzogener Wirkungserwartungen verhilft dazu, eine intensive Beziehungs- und Vertrauensarbeit mit erreichbaren Zielstellungen zu entwickeln, deren Ansatzpunkte in erster Linie reale Lebensverhältnisse, Bewußtseinslagen und Zukunftsperspektiven sind.

Von außen, aber auch von innen her sind Projekte in rechten Szenen aber gleichzeitig auch mit einer ganz anderen, ja gegenteiligen Wirkungsfrage konfrontiert:

»Wir haben auch überlegt: Wenn wir denen einen Bauwagen hinstellen, inwieweit unterstützen wir dann möglicherweise Prozesse und Strukturen? Inwieweit besteht die Gefahr, daß sich darüber ein Netzwerk aufbaut, daß wir ihnen durch unsere Arbeit bessere Möglichkeiten verschaffen, daß sich Rechte organisieren, als das vorher möglich war?«
Besonders VertreterInnen einer langjährigen Anti-Bewegung, die z.B. die Schaffung 'nazifreier Zonen' als Postulat pflegte, unterstellen einer Projektarbeit mit rechten Szenen immer wieder, daß diese über Projektzusammenhänge und die Schaffung eigener Räumlichkeiten rechten Organisationen und rechten Orientierungen zusätzliche Basis bieten würden - und daß sich damit Rechtsorientierungen noch stabilisieren würden.

Das ist eine Ebene von Mißtrauen - oder gar auch von massiven Unterstellungen -, der etliche MitarbeiterInnen in ihrem unmittelbaren sozialen Umfeld immer wieder begegnen. In einigen Fällen sind es die PartnerInnen, die diese Form von Zielgruppe und Arbeit nicht akzeptieren, in anderen Fällen zerbrechen eigene Freundeskreise oder Cliquen, in denen man sich sonst bewegte. Daraus erwachsene persönliche Konflikte und Isolationen werden denn auch häufiger als Grund dafür angeführt, weshalb ProjektkollegInnen vorzeitig aus der Mitarbeit ausgestiegen sind. Gleichzeitig nähren solche Schwierigkeiten bei etlichen MitarbeiterInnen die unsichere (und verunsichernde) Frage, ob sie selbst möglicherweise im alltäglichen Umgang mit den Jugendlichen und ihren Verhaltensformen einer schleichenden Gewöhnung und damit einhergehenden Verharmlosung an deren Verhaltensmuster unterliegen.

»Natürlich färben die ab. Ich werde durch deren Verhalten sicher kein Rechter, sondern eher werden mir durch die tägliche Begegnung meine Positionen bewußt: Aber ich merke, daß ich deren 'Anmache' und Kloppereien zunehmend häufiger kaum noch registriere. Auf eine Weise beginne ich mich an diese Verhaltensweisen zu gewöhnen. Ich befürchte, daß ich dieses mitnehme in meinen Alltag.«
Tatsächliche Beispiele dafür allerdings, daß die vielfach gesehene Gefahr der unbeabsichtigten Förderung und Unterstützung von 'Rechtsextremismus und Gewalt' irgendwo mal konkret geworden wäre, sind bislang von

nirgendwoher bekannt. Dort, wo Erfahrungen mit Vereinnahmungsversuchen durch rechte Organisationen oder entsprechende Agitatoren gemacht wurden, haben fast immer die Jugendlichen selbst solchen Prozessen relativ schnell ein Ende gesetzt. Je enger Jugendliche in Projektbeziehungen eingebunden sind, desto schwerer sind sie für Zusammenhänge rechter Organisationen erreichbar. Offensichtlich koppeln sich Projektjugendliche ab von organisierten, zum Teil ehemaligen Cliquenmitgliedern. Kontakte von jugendlichen ProjektmitgliederInnen und organisierten Neo-Nazis lösen sich. Selten tauchen Organisierte über einen längeren Zeitraum in Projekten auf. Versuchen sie politische Agitation und/oder, Jugendliche zu instrumentalisieren, verschwinden sie schnell wieder oder werden von den Jugendlichen aus der Clique gedrängt. So wurde in einem Fall ein in der Region weit bekannter Neo-Nazi nach vielfältigen Agitationsversuchen, in denen die Jugendlichen den Eindruck gewannen, nur Fußvolk für die Ziele anderer zu sein, nachhaltig aus dem Stadion geprügelt.

Grund für diese Resistenz kann sicher die sehr geringe Bereitschaft dieser jugendlichen Gruppen sein, sich verbindlichen Organisationsstrukturen zu unterwerfen. Der oft eher anarchische Organisationscharakter von Szenen und Cliquen stellt so einen gewissen, nicht politisch begründeten Schutzmechanismus vor Vereinnahmung dar. Außerdem verliert die Organisierung im rechten Spektrum für Jugendliche in Projektzusammenhängen den vormaligen Ausschließlichkeitscharakter der einzig angebotenen Annahme. Ein anderer Grund liegt aber sicherlich in der Projektarbeit selbst, nämlich in den ihnen dort angebotenen Räumlichkeiten und Handlungsmöglichkeiten wie in der wachsenden Bereitschaft von Jugendlichen zur Übernahme von Verantwortung für das Erreichte. Jugendliche finden sich im Projekt in der Regel schnell und engagiert bereit, erkämpfte (Frei-)Räume und Territorien zu pflegen und zu bewahren. Teilweise entwerfen sie dabei sehr rigide Verhaltensvorschriften und Kontrollsysteme, um Prozesse in den Griff zu kriegen, gestaltbar zu machen und um auf keinen Fall Anlaß zu geben, das Erreichte auf's Spiel zu setzen.

»Wenn wir Veranstaltungen machen, aber auch, wenn einfach der Club offen ist, müssen immer alle Waffen abgegeben werden. Die werden in einem Schrank eingeschlossen, mit einem Zettel dran, was wem gehört. Das befolgen auch alle, weil allen klar ist, wenn es Zoff gibt, gerät der Club sofort wieder in Gefahr.«

Dort, wo Projekte über eigene Einrichtungen verfügen, zeigt sich, daß den Jugendlichen, jedenfalls den Jugendlichen der Kern-Clique, der Zusammenhalt in den Projekten zumeist sehr viel bedeutet. Für viele von ihnen stellen sie die beinahe erste Möglichkeit dar, sich jenseits der Familie zu verorten, als Einzelne/r und als Gruppe Interesse und 'Heimat' zu finden. Und *»wenn man was hat, hat man auch was zu verlieren«.*

»*Einige Monate nach Fertigstellung des Jugendklubs fand auf dem Gesamt-
gelände ein großes Ausländerkulturfest statt. Alle Projekte und Organisationen im Bürger- und Sozialzentrum waren eingeladen, auch der Jugendclub. Ein Teil der Jugendlichen wollte dieser Einladung folgen und einen
Waffelstand machen, 'damit die Kanacker für unseren Jugendclub Geld geben'. Die anderen wollten an dem Tag fernbleiben und den Raum geschlossen halten, um Zusammenstöße zu vermeiden, die die Weiterexistenz des
Jugendklubs gefährdet hätten. Denn schon Wochen vor dem Fest kursierten
panikartige Gerüchte über einen konzertierten Skinhead-Überfall auf das
Fest. Entsprechend war an diesem Tag massenhaft Polizei aufgefahren, die
ganze Zufahrtstraße von Mannschaftswagen gesäumt. Die Jugendlichen
aber kamen zum Waffelbacken - nur ein Waffeleisen hatte niemand besorgt.
Dafür trafen sie auf dem Fest ehemalige türkische Mitschüler und luden sie
stolz ein, den Jugendclub zu besichtigen und dort mit ihnen zu trinken.*«
(Heim u.a. 1992,S.132f.)*

Nach Einschätzung der MitarbeiterInnen verschiedener Projekte haben mit
solchen und ähnlichen Verhaltensweisen die Jugendlichen noch lange nicht
ihre Gewaltbereitschaft abgelegt. Sie sind nicht 'bekehrt', 'umgekrempelt'
oder aus der Szene herausgebrochen. Aber Beispiele wie das angeführte
belegen, wie die Übernahme von Verantwortung für ihren Club sehr leicht
auch Bereitschaften fördert, sich mit der Umgebung zu arrangieren. Ausge-
hend von gelingenden Raumaneignungsprozessen zeigen sich bei den Jugendlichen praktisch durchweg sehr schnell deutliche Bewegungen, Um-
und Neuorientierungen in ihrem Verhältnis zu ihrer Umwelt, zwar zumeist
voller Widersprüche, Gegensätze und Brüche - aber deutliche und oft überraschende Bewegungsprozesse, in die es sich verstärkend einzumischen gilt.
Dabei ist dann eine ganz entscheidende, vielleicht letztlich die entscheidende Frage, inwieweit diese Um- und Neuorientierungen in ihrem Verhältnis
zu ihrer Lebensumwelt gleichzeitig neue Chancen und Möglichkeiten erschließen zum Abbau der Probleme, die sie *haben*.

4.2 Zum Abbau von Problemen, die Jugendliche haben

Es liegt auf der Hand, daß dort, wo Angebote der Jugendarbeit einen greifbaren Gebrauchswert für den Umgang mit dem eigenen Alltag, für die All-
tagsgestaltung und -bewältigung sowie für die Entwicklung konkreter Le-
bensorientierungen und Lebensperspektiven versprechen, positive Wirkungen besonders leicht greifbar scheinen. So sind denn Wirkungen von Projektarbeit relativ einfach und eindeutig an Veränderungen im Cliquenleben
selbst auszumachen. Die an verschiedenen Stellen angeführten Beispiele
zeigen, daß die Verfügungsfähigkeit über soziale Räume bei den Jugendlichen Prozesse in Gang setzt, mit neugewonnenen Räumen und Möglichkei-

ten zufriedenstellender umzugehen als es durch bloße Nutzung möglich wäre. Da werden Gestaltungspläne entwickelt, Bauarbeiten und Renovierungen organisiert und durchgeführt, Regelsysteme für die Nutzung von Räumlichkeiten entwickelt usw., alles Prozesse, in denen die Jugendlichen gleichzeitig veränderte Muster sozialen Umgangs miteinander, der Kommunikation, der Kooperation wie der Konfliktregelung entwickeln. Denn erst die Verfügbarkeit über reale Räume gibt Jugendlichen vielfach sozialen Raum, Suchprozesse nach differenzierteren und befriedigenderen sozialen Umgangsformen und Konfliktregelungsmustern untereinander zu entwickeln.

Eine weitere, nicht zu unterschätzende Wirkung ist die in der Projektarbeit steigende Auseinandersetzungsbereitschaft der Jugendlichen mit eigenen Auffassungen und den Ansichten der ProjektmitarbeiterInnen. Das Entwickeln einer Beziehungsarbeit, die sich - wie die Bremer Projekte als ihr konzeptionelles Grundverständnis formuliert haben - auf »gegenseitige Akzeptanz und gegenseitiges Sich-Ernst-Nehmen im Anderssein« (Krafeld 1992b, S.44) stützt, mündet in beinahe alltägliche, zum Teil sehr persönliche Gespräche und Beratungen. Von Jugendlichen werden diese Gespräche oft als erste Gelegenheiten bezeichnet, daß sich jemand für sie interessiert, ihnen mal in Ruhe zuhört, auf sie eingeht. Mit der Arbeit und den Reflexionen in den Projekten ändern Jugendliche vielfach Umgehens- und Verhaltensweisen.

Probleme, die Jugendliche haben, sind aber primär und vor allem solche, die nicht innerhalb pädagogisch geschaffener Räume bewältigt, abgebaut oder gar gelöst werden können. Sie sind in den Lebensbedingungen und Entfaltungschancen Jugendlicher insgesamt in ihrer Umwelt verankert. Hier liegen ja auch die in der Rechtsextremismus-Forschung dezidiert herausgearbeiteten Ursachen von wachsenden Tendenzen zu rechtsextremistischen Orientierungen und entsprechender Gewaltbereitschaft bei Jugendlichen. Auf dieser Ebene erleben jedoch MitarbeiterInnen auch immer wieder massivste Schwierigkeiten, irgendetwas bewegen, irgendetwas verändern zu können. Die meist einzelfallbezogene Unterstützung beim Umgang mit Behörden, bei der Wohnungs-, Ausbildungsplatz- oder Arbeitsuche, bei der finanziellen Absicherung der Existenz, bei anstehenden Gerichtsverfahren oder Haftstrafen kann grundlegende Rahmenbedingungen nicht auflösen. Insbesondere die Wohnungsnot ist zu einem zentralen Problem herangewachsen. Immer wieder müssen Jugendliche betreut werden, die in völlig unzumutbaren familiären Verhältnissen stecken oder die längst nur noch hier und da mal irgendwo unterkommen oder ganz auf der Straße hängen - und für die sich ganz selten nur noch mal eine Chance ergibt für eine vertretbare Wohnmöglichkeit.

Hier sind tiefgreifende gesellschafts- und sozialpolitische Konsequenzen gefordert. Wenn sie weiterhin ausbleiben, wenn sich Lebensbedingungen und Lebenslagen von immer mehr Jugendlichen weiter verschlechtern, dann laufen die vielversprechenden Ansätze von Jugendarbeit in rechten Szenen allerdings zunehmend Gefahr, daß veränderte Sozialverhaltens- und Konfliktregelungsmuster bei den Jugendlichen in resignative wie destruktive Handlungsweisen umschlagen.

Die Entwicklung entsprechend dringend notwendiger - über situative Einzelfallhilfen hinausweisender - 'Strategien der Einmischung' steckt in der Jugendarbeit aber vielfach noch in Anfängen. Es geht dabei nicht nur um Lobbyfunktionen sozialer Arbeit für die Durchsetzung der Interessen Jugendlicher und um Skandalisierungen bestehender Verhältnisse, sondern vor allem um die Entwicklung wirksamer Beteiligungsmöglichkeiten in einer demokratischen Gesellschaft, in der Möglichkeiten der Interessenartikulation und Interessenvertretung 'von unten her' absolut unterentwickelt sind oder bestenfalls auf ein Totlaufen in institutionellen Strukturen angelegt zu sein scheinen. Auffällige Jugendliche z.B. haben in der Regel immer wieder folgende Erfahrung gemacht: Setzen sie sich mit den gesellschaftlich vorgesehenen Spielregeln und Verfahren für ihre Interessen ein, dann werden ihre Wünsche nur in den allerseltensten Fällen auch ernsthaft wahrgenommen, geschweige denn aufgegriffen oder berücksichtigt. Verlassen sie aber diesen Weg und machen *action* und Randale, dann werden sie wahrgenommen und für wichtig genommen. Dann wird ihnen zwar in der Regel mit aufgeregten Reaktionen begegnet, aber sie erfahren Resonanz, die ihnen vorher verwehrt blieb. Berichterstattungen der Medien untermauern diese Tendenz. Medien stürzen sich in der Regel nur auf skandalträchtige Vorfälle, andere Initiativen finden selten Erwähnung.

Es ist eine paradoxe, im Hinblick auf den demokratischen Anspruch dieser Gesellschaft auch erschreckende Erfahrung, daß das Einhalten demokratischer Spielregeln oft nicht weiterbringt, entscheidende Erfolge zur Gründung und zum Ausbau der meisten Projekte z.B. auf ganz andere Weise zustande gekommen sind. Hier ist ein 'geheimer Lehrplan' wirksam, gegen den alle pädagogischen Bemühungen häufig nichts bewirken können. Soweit es nicht gelingt, die Regeln dieses Lehrplanes zu durchbrechen und zu effektiveren und gleichzeitig sozial verträglicheren Beteiligungsformen in dieser Gesellschaft zu finden, werden Wirkungen von Jugendarbeit hinsichtlich der Probleme, die Jugendliche haben, sehr begrenzt bleiben.

Literaturverzeichnis

Akzeptierende Jugendarbeit mit rechten Jugendcliquen. Hrsg.: Krafeld, F. J. Bremen 1992.

Aly, G.:»Wofür wirst du eigentlich bezahlt?« - Möglichkeiten praktischer Erziehungsarbeit zwischen Ausflippen und Anpassen. Berlin 1977.

Arendt, H.: Elemente und Ursprünge totalitärer Herrschaft. Frankfurt 1951.

Becker, H./Hafemann, H./May, M.: 'Das ist hier unser Haus, aber ...' Raumstruktur und Raumaneignung im Jugendzentrum. Frankfurt 1984.

Bellah, R.N. u.a.: Gewohnheiten des Herzens. Individualismus und Gemeinsinn in der amerikanischen Gesellschaft. Köln 1987.

Blinkert, B.: Kriminalität als Modernisierungsrisiko? Das 'Hermes-Syndrom' der entwickelten Industriegesellschaften. In: Soziale Welt, 39.Jg., H.4/1988,S.397-412.

Böhnisch, L./Münchmeier, R.: Pädagogik des Jugendraums. Zur Begründung und Praxis einer sozialräumlichen Jugendpädagogik. Weinheim 1990.

Bundesarbeitsgemeinschaft der Landesjugendämter 1986: Mobile Jugendarbeit. In: Sozialpädagogik. 32.Jg.,H.4/1990,S.165-171.

Cohen, Phil: Territorial- und Diskursregeln bei der Bildung von 'Peer-Groups' unter Arbeiterjugendlichen. In: Jugendkultur als Widerstand. Hrsg.: Clarke, John u.a.. Frankfurt 1979,S.238-266.

Förster, P. u.a.: Jugendliche in Ostdeutschland 1992. Leipzig 1992.

Funke, M. (Hrsg.): Totalitarismus. Düsseldorf 1978.

Fuchs, J.: Wie ein Programm entsteht. In: Informationsdienst AGAG. .... a.a.O., 1.Jg.,H.1/1992,S.6-9.

Hartmann, G.:»Hier ist jeder Außenseiter.« Gemeinwesenarbeit mit rechten Jugendlichen. In: Jugendarbeit mit rechten Jugendlichen. Hrsg.: Scherr, A.. Bielefeld 1992,S.62-95.

Hartwig, M.: Skinheads in der offenen Jugendarbeit. Berliner Erfahrungen. In: deutsche jugend, 38.Jg.,H.7-8/1990,S.325-329.

Heim, G./Krafeld, F. J./Lutzebäck, E./Schaar, G./Storm, C./Welp, W.:»Anhören war für mich erst mal das Wichtigste!« - Erfahrungen mit akzeptierender Jugendarbeit in rechten Jugendcliquen. In: sozialmagazin, 16.Jg.,H.10/1991a,S.38-47.

Heim, G./Krafeld, F. J./Lutzebäck, E./Schaar, G./Storm, C./Welp, W.: Jugendarbeit mit rechten Jugendcliquen. - Handlungsansätze aus der Praxis. In: deutsche jugend, 39.Jg.,H.11/1991b,S.471-481.

Heim, G./Krafeld, F. J./Lutzebäck, E./Schaar, G./Storm, C./Welp, W.: Projekte der Jugendarbeit mit rechten Jugendcliquen - Grundlagen und Erfahrungen. In: Baensch, Torsten: Jugendlichen Raum lassen? Maßnahmen und Projekte gegen national-autoritäre Orientierungen und rechtsextremistische Tendenzen. Hrsg.: Landeszentrale für politische Bildung Hamburg. Hamburg 1992,S.129-134.

Heitmeyer, W./Buhse, H./Liebe-Freund, J./Möller, K./Müller, J./Ritz, H./Siller, G./ Vossen, J.: Die Bielefelder Rechtsextremismus-Studie. Erste Langzeituntersuchung zur politischen Sozialisation männlicher Jugendlicher. Weinheim 1992.

Heitmeyer, W.: Rechtsextremistische Orientierungen bei Jugendlichen. Empirische Ergebnisse und Erklärungsmuster einer Untersuchung zur politischen Sozialisation. Weinheim 1987.

Informationsdienst AGAG. Hrsg.: Institut für Sozialarbeit und Sozialpädagogik e.V. Frankfurt/Main (ISS) und Informations-, Fortbildungs- und Forschungsdienst Jugendgewaltprävention Berlin (IFFJ). 1.Jg.,H.1/1992.

Jugend '92. Lebenlagen, Orientierungen und Entwicklungsperspektiven im vereinigten Deutschland. Hrsg.: Jugendwerk der Dt. Shell. Opladen 1992.

Kohls, F.: Unsere Jugend - politisch interessiert oder »entpolitisiert«? In: Neue Praxis, 22.Jg.,H.2/1992,S.166-170.

Krafeld, F. J.: Cliquenorientierte Jugendarbeit. Grundlagen und Handlungsansätze. Weinheim 1992a.

Krafeld, F. J.: Grundsätze einer akzeptierenden Jugendarbeit mit rechten Jugendcliquen. In: Jugendarbeit mit rechten Jugendlichen. Hrsg.: Scherr, A.. Bielefeld 1992b,S.37-45.

Kreft, D./Löhr, R.-P.: Projektarbeit und fachliche Begleitung im Aktionsprogramm gegen Aggression und Gewalt. In: Informationsdienst AGAG. .... a.a.O., 1.Jg.,H.1/1992,10-13.

Lessing, H.: Jugendarbeit zwischen Bewegung und Institution. In: Was bewegt die Jugendarbeit? aej- Studientext 21. Hrsg.: Arbeitsgemeinschaft der Evangelischen Jugend. Stuttgart 1982,S.78-91.

Möller, K.: Zwei Dutzend Gründe für die aktuelle Hilflosigkeit des politischen und pädagogischen Antifaschismus. Provokationen, Polemiken, Perspektiven. In: Neue Praxis, 19.Jg.,H.6/1989,S.480-496.

Möller, K.: Geschlechtsspezifische Aspekte der Anfälligkeit für Rechtsextremismus in der Bundesrepublik Deutschland. In: Frauenforschung, H.3/1991a,S.27-49.

Möller, K.: Bedürfnisorientierung statt »Abschreckungsdidaktik«. Ansatzpunkte antifaschistischer Jugendarbeit. In: deutsche jugend, 39.Jg.,H.7-8/1991b,S.311-321.

Möller, K.: Gewalt und politischer Extremismus - Herausforderungen für die Jugendarbeit. In: Neue Praxis, 21.Jg.,H.4/1991c,S.281-299.

Möller, K.: Von 'normaler' Ausgrenzung bis zu rigorosem Fremdenhaß. Formen der Xenophobie. In: Sozialmagazin, 17.Jg.,H.7-8/1992,S.50-56.

Morshäuser, B.: Hauptsache Deutsch. Frankfurt 1992.

Müller, Andrea: Rechtsextremistische Auffälligkeiten von Jugendlichen - Ausgangspunkt für Bildungsarbeit mit Jugendlichen und im Bereich der Fortbildung. In: Baensch... a.a.O., S. 60-66

Natorp, P.: Erziehung und Gemeinschaft. Sozialpädagogik. In: Hederer, J.: Evolution der Sozialpädagogik. Quellen und Kommentare. München 1975,S.311-320.

Schubarth, W.: Historisches Bewußtsein und historische Bildung in der DDR zwischen Anspruch und Realität. In: Hennig, W./Friedrich, W. (Hrsg.): Jugend in der DDR. Weinheim 1991,S.27-38.

Seidenstücker, B./Müller, C.W.: Die Entwicklung der Jugendarbeit in der DDR und in der BRD ein Dialog. In: Jugendarbeit in der Großstadtsiedlung. Hrsg.: Bezirksamt Hellersdorf, Berlin 1992.

Simmel, G.: Exkurs über den Fremden. In: Simmel, G.: Soziologie. Untersuchungen über die Formen der Vergesellschaftung. Berlin 1908, 6.Aufl. 1983.

Autoren

Behn, Sabine, M.A., Mitarbeiterin beim Informations-, Forschungs- und Fortbildungsdienst Jugendgewaltprävention (IFFJ) in Berlin.

Heitmann, Helmut, Dipl.Päd., Mitarbeiter beim Informations-, Forschungs- und Fortbildungsdienst Jugendgewaltprävention (IFFJ) in Berlin, vorher Mitarbeiter des Fußball-Fan-Projektes Berlin und deren Bundessprecher. Veröffentlichungen zu den Themen Fußballfans und Hooligans, Straßensozialarbeit, Jugend und Gewalt.

Farin, Klaus, freier Journalist in Berlin, veröffentlichte u.a. mit Eberhard Seidel-Pielen: Krieg in den Städten. Jugendgangs in Deutschland. (Berlin 1991) und: Rechtsruck. Rassismus im neuen Deutschland. (Berlin 1992). In Vorbereitung ist: Skinheads. (München April 1993).

Krafeld, Franz Josef, Dr., Professor an der Hochschule Bremen. Praxisberatung und wissenschaftliche Begleitung der Bremer Projekte zur Akzeptierenden Jugendarbeit. Vgl. dazu zusammenfassend: Akzeptierende Jugendarbeit mit rechten Jugendcliquen. Hrsg.: Krafeld, Franz Josef (Bremen 1992; Band 4 der Schriftenreihe der Landeszentrale für politische Bildung Bremen).

Möller, Kurt, Dr., Professor an der Fachhochschule Esslingen. Zahlreiche Publikationen zu Jugendproblemen sowie zur Rechtsextremismus- und Gewaltforschung. Mehrere entsprechende Forschungsprojekte, u.a. Mitarbeit an der Bielefelder Rechtsextremismus-Studie. Z. Zt. Leitung von Projekten zu rechtsextremen Anfälligkeiten von Mädchen und jüngeren Jugendlichen.

Müller, Andrea, Dipl. Sozialarbeiter, Jugendbildungsreferent in der Jugendbildungsstätte Bremen, Lidice-Haus. Schwerpunktbereich Rechtsextremismus und Jugendbildung in Veranstaltungen mit Jugendlichen und in der Fortbildung; verschiedene entsprechende Publikationen.

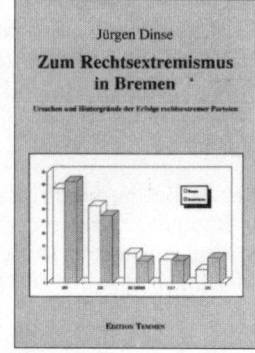